品牌势能

新消费、新变量
创造高势能增长

韩乾源 著

Brand Potential
Creating High Growth through
New Consumption
and New Variables

机械工业出版社
CHINA MACHINE PRESS

在新消费时代，我们为什么要做高势能品牌？如何构建品牌势能？本书围绕这两个问题分四个模块展开。第一个模块从消费趋势洞察、用户洞察和市场洞察三个角度分析当前的消费商业机会。第二个模块认为，做消费，一切都要从人出发，回归到品牌能给用户创造的价值。品牌建设的工作要围绕价值创造与价值传递展开，要不断地创造消费者价值并塑造消费者认知。第三个模块认为，产品要创造和引领需求，找到用户需求的最大公约数。第四个模块论述了品牌的高势能增长为什么是一个系统性问题。无论你是从事品牌营销、产品生产或技术研发的人员还是从事销售和零售的人员，无论你是新品牌的创业者还是大品牌的操盘人，本书都有助于你探索品牌的发展规律、洞悉未来的发展趋势，助力高势能国货品牌的发展之路。

图书在版编目（CIP）数据

品牌势能：新消费、新变量创造高势能增长／韩乾源著. —北京：机械工业出版社，2023.10
ISBN 978-7-111-73826-8

Ⅰ.①品… Ⅱ.①韩… Ⅲ.①品牌营销 Ⅳ.①F713.3

中国国家版本馆 CIP 数据核字（2023）第 168906 号

机械工业出版社（北京市百万庄大街 22 号　邮政编码 100037）
策划编辑：坚喜斌　　　　　责任编辑：坚喜斌　陈　洁
责任校对：梁　园　王　延　责任印制：单爱军
北京联兴盛业印刷股份有限公司印刷
2023 年 10 月第 1 版第 1 次印刷
145mm×210mm・8.5 印张・3 插页・197 千字
标准书号：ISBN 978-7-111-73826-8
定价：69.00 元

电话服务　　　　　　　　　网络服务
客服电话：010-88361066　　机 工 官 网：www.cmpbook.com
　　　　　010-88379833　　机 工 官 博：weibo.com/cmp1952
　　　　　010-68326294　　金 书 网：www.golden-book.com
封底无防伪标均为盗版　　　机工教育服务网：www.cmpedu.com

本书所获赞誉

增长的本质来源于对消费者需求的深刻洞察。品牌要保持跨周期增长,需要文化力、观念力和价值主张的引领性,要告诉消费者主张什么、拒绝什么,才能与消费者形成情感共鸣,给消费者心理能量,形成自身的势能。

——刘德,小米公司联合创始人

波司登深耕羽绒服领域四十余年,是中国服装企业走品牌发展之路的典型代表。近几年来波司登实现了品牌转型升级及产品迭代焕新,赢得新时代消费人群青睐。这背后是波司登对顾客价值及工匠精神的坚持,对设计研发及技术创新的持续投入,对零售运营及顾客体验的关注,更重要的是始终向全球消费者传递中国品牌的品牌自信和专业实力。通过书中波司登的品牌升级案例,可以看出乾源老师对消费市场和品牌趋势的深刻洞察,以及打造品牌的丰富经验及深厚功底,对科技和消费品牌从业者有很大的启发。

——梅冬,波司登国际控股有限公司总裁

品牌建设非一日之功,石头科技从一款扫地机做到畅销全球的机器人品牌,这一路走来非常艰辛。我从本书中看到品牌从零到一的破局之道,也看到持续发展的内容修炼,值得每个想做好品牌的人学习。

——昌敬,石头科技股份有限公司董事长

打造品牌是产品、营销、渠道、组织的系统能力，非一日之功。本书非常详尽地阐述了塑造高价值品牌的系统方法论，是乾源老师多年实战经验的萃取。

——李一峰，小熊电器股份有限公司董事长

高价值品牌是做社会共识，通过洞察市场和文化趋势找到自己的价值主张，不断输出内容引发消费者共鸣，成为自带流量、有溢价、有信任的品牌。

——任富佳，老板电器股份有限公司总裁

做高势能品牌要从满足消费者需求到引导需求和创造需求，引领市场和行业发展。本书从需求洞察展开，非常详细地介绍了塑造高端品牌的实践方法，值得推荐。

——薛伟成，罗莱生活科技股份有限公司董事长

读《品牌势能》一书，立企业经营百年。

——张玉祥，南极电商股份有限公司董事长

爆品破局，品牌增长，是企业永续生存之道。

——郝忠礼，中宠食品股份有限公司董事长

品牌要基于长期价值，做好产品和研发，深耕渠道，形成系统化能力，如此才能穿越周期成长。

——张荣明，爱慕股份有限公司董事长

做高价值品牌需要准确把握时代脉搏，找到自身的战略生态位，先修炼内功提高自身的势能，再以千钧之势击穿市场。本书详尽讲述了提升品牌势能的方法，值得推荐。

——严文华，佳禾智能科技股份有限公司董事长

品牌是其创造者物质价值与精神价值的积淀、传承与升华，以及基于社会文化、市场趋势、消费理念、价值主张等因素，通过产品与服务所形成的对大众行为、需求、认知、情感及其自我价值实现追求的真实体现与心灵共鸣。

——施永雷，"来伊份"股份有限公司董事长

品牌是认知，产品是事实。本书从打造爆品到塑造品牌都给予了丰富的方法论和实战案例。值得推荐。

——夏国新，歌力思服饰股份有限公司董事长

在流量粉尘化和消费者注意力分散化的当下，企业很难通过"一招鲜"做高价值品牌，而是需要高价值洞察、正确的品牌策略，以及强大的产品、营销、渠道和组织能力支撑，共塑高价值增长。

——王朝阳，上海凤凰股份有限公司总裁

我乐家居一直致力于通过原创产品设计和智能制造工艺为中国家庭打造全屋定制家具产品，成为消费者信赖的高价值品牌。本书中的观点、方法与我对品牌的认知不谋而合，也给我很多新的启发。

——汪春俊，我乐家居股份有限公司董事长

跨越周期，从网红品牌到长红品牌，需要系统化、体系化的方法论，从书中你可以找到答案。

——李勇，趣睡科技股份有限公司董事长

时代在不断变迁，消费的主体人群也在不断迁移。每一次变迁都是一次品牌升级的机遇。《品牌势能》是乾源对场景、人群、新消费趋势的洞察，书中提出的品牌构建的规律和方法论非常值

得新一代的创业者借鉴，抓住和顺应新消费主张，成就新一代的品牌。

——陈小平，云米科技董事长

洞察趋势、市场和消费者的新变量，是找到 10 倍速增长的原点。本书从洞悉变量以把握趋势的新角度讲述高势能品牌的体系化打法。

——程浩，远望资本创始合伙人、迅雷创始人

品牌战略是企业的核心战略，经营企业就是经营品牌，更是经营心智。以消费者为中心，用精准的定位、独有的意义、共情的价值吸引目标消费者，得人心者得天下。

——王振滔，奥康集团有限公司董事长

爆品始于洞察，品牌始于热爱，做正确而难的事才能持续增长。本书讲述了打造品牌非一日之功，不存在"一招鲜"，而是修炼"内功"的系统工程。

——万金刚，骆驼服饰董事长

做高势能品牌才能跨越周期增长，本书从产品、营销、渠道、组织等多个角度讲述打造品牌势能的方法，值得反复阅读。

——单卫钧，沪上阿姨创始人

外部看到的企业增长只是结果，背后真正需要做的是伐毛洗髓，改变企业本身的认知、组织架构与激励机制。以前有人说每个行业都值得重新再做一次，这句话只说对了一半，真正的核心是每个行业应该重新认识消费者，重新定义消费者真正的需求并优雅地满足它。对于这些本质问题，本书给予了深刻的回应。

——王智民，宝岛眼镜集团董事长

选择赛道就是选择生态位，在快速变化的市场中品牌需要找到自己独特的切入点，并持续深耕自身的护城河，形成用户心智，进而转化为品牌势能。

——管清友，著名经济学家、中国十大青年经济学人

对市场进行充分洞察，"先胜而后求战"，爆品聚焦击穿市场，品牌深耕持续增长。

——陈开元，小崧股份总裁

在流量稀缺的当下，高势能品牌自带流量。产品、内容、渠道都是品牌的体现。只有做强品牌力，才能跨越周期持续成长。

——杨飞，瑞幸咖啡联合创始人、CGO，畅销书《流量池》的作者

高速增长的好时代成就了很多的大品牌。存量增长消费时代里，随着消费诉求、消费群体、消费行为、消费场景的迭代变迁，新产品、新人群、新行为、新渠道也随之应运而生。如何通过持续的用户价值创造来满足新消费时代的新需求，是所有品牌企业必须面对也急需思考的问题。重新理解新消费时代里产品、营销、渠道与品牌势能的关系，乾源老师这本书里的方法和案例可以给大家以启发。

——陈科博士，安踏集团COO

品牌是企业文化、基因和时代的产物，做品牌就是做人。产品是品牌价值观的实物化，品牌营销讲的也是价值观。做品牌就是一个人不断修炼的过程。

——雷伟国，传音控股股份有限公司联合创始人

产品有三观，品牌也如此。品牌就是创始人对用户观的理解、价值观的外化和世界观的构建。如何打造高势能品牌？你可

以从书中找到答案。

——贾伟，洛可可（LKK）创新设计集团董事长

在全面大竞争时代，赢得竞争的最好方式就是超越竞争，不战而胜；在用户心智上建立品牌高势能，用科技改变生活，用文化塑造品牌，用故事促进沟通，用价值创造未来，最终赢得人心，不战而全胜！

——王耀民，三问家居股份有限公司董事长

品牌是企业最大的护城河。做好品牌需要企业有两三个能力"长板"，不能有能力"短板"，是企业不断修炼产品、营销、渠道、组织的系统工程。

——贾锋，华耐家居集团董事长

当下品牌的塑造方式与过去有很多不同，好品牌是创始人的世界观、人生观和价值观的体现。品牌需要建立与消费者更加互动的关系，并持续输出自己的价值主张，建立自身的影响力。

——冷静，梦饷集团联合创始人兼CEO

新品牌之所以快速发展是因为消费者的变化、供应链的变化、平台的变化和资本的变化，把握新趋势变量是增长的发动机。

企业存在的意义、目的和价值是创造和满足消费者需求。我们以前强调满足消费者需求，现在更强调创造需求。需求牵引供给，供给创造需求。这背后离不开对市场和用户的深刻洞察。洞察是增长的原点。不同类型的品牌塑造方式不同。本书从趋势到方法论、案例，体系化地讲解了如何打造高势能品牌。从流量思维到品牌思维，从短期价值到长期价值，从"网红"品牌到

"长红"品牌。

——肖利华，阿里巴巴集团副总裁、阿里云研究院院长

品牌的背后需要有高效协同、强执行力的团队，需要有清晰的品牌定位，需要有始终如一的用户体验，更需要长期的坚持。

——王笑松，京东高级副总裁及零售自有品牌业务负责人

品牌是最大的流量池，只有做好品牌系统建设，品牌才能跨周期成长。

——陈冠翰，京东国际CEO、前零售通讯事业部总裁

将品牌挂在嘴上讲容易，但如今要真正走进当下消费者心里，成为消费者心中懂我、为我、爱我的至爱品牌，可不是有知名度和高触达这么简单。后疫情时代，企业需要追求全域增长，更需要理解品牌建设对企业长期竞争力的价值所在。在传统品牌营销理念迫切需要与时俱进的时刻，韩老师的这本著作不仅厘清了这些年品牌营销上一些模糊的概念，而且体系化设计了可实操的品牌运营模式，甚至包括了组织变革方案，是一本可以帮助营销人在混沌中找到方向的教科书！

——葛景栋，新浪微博营销高级副总裁

韩老师在本书中提纲挈领地总结了品牌的类型及对产品、营销、渠道的统领，既有结构化的方法论，又有领先企业的实践案例，实为2C企业重要之参考学习书籍。

——苗佳宁，OPPO首席战略官

品牌胜利的背后是价值观的胜利，势能品牌要代表一种被压抑的甚至被忽略的用户心声。

——宋婷婷，快手科技副总裁

制造业做品牌存在一道鸿沟，它需要从 2B 思维转向 2C 思维，更需要企业制度、文化和组织的深刻变革。本书给企业打造品牌一个切实可行的路径，值得推荐。

——曾展晖，新宝电器股份有限公司总裁

品牌要成为用户心智的首选和自身品类的代表。用户的心智份额决定了市场份额，品牌定位和品类战略相得益彰。

——李国林，美的集团副总裁

一个企业的价值有多大，取决于能创造多少用户价值。优秀的品牌要能洞察用户的痛点并为用户解决问题，创造用户价值。在持续创造价值的过程中，基于使命坚守初心，逐步建立品牌文化。

——苏峻博士，智米科技创始人

在追求流量的当下，品牌才是最大的流量池。每个企业都要深耕品牌价值，因为品牌是企业之魂。

——俞浩，追觅科技创始人

把握新变量，把握大趋势，以爆品入道，塑造高势能品牌。你能从本书找到答案。

——杨华，纯米科技创始人

好的洞察是做爆品、做营销和塑造品牌的起点。本书从洞察开始，系统地讲解了做高势能、高价值品牌的方法论，相信会给新消费时代的品牌建设者们带来更多启发！

——范海涛，小寻科技创始人

非常赞同乾源在书中所说"品牌如人"，我认为不管是 2B 还是 2C 的业务，创始人都是品牌的第一责任者，特别是像我这样的技术创业者，早期往往意识不到这一点，殊不知创始人在品牌建设过程中产生的效能是数倍甚至数十倍于他人的。从第一天创业开始不管是对内还是对外，你的一言一行都在诠释和传递一个鲜活的品牌人格，这种无形且强大的影响力往往被我们自己所忽视。

——陈彬，鹿客科技创始人

品牌如人，做品牌就是做人，这是品牌的道。本书的观点新颖，是作者多年实战经验的精华。

——檀冲，小狗吸尘器集团股份有限公司创始人

韩乾源老师对爆品的理解非常透彻，极致简约的产品理念，以及对品牌精神的理解绝对堪称大师级。

——黄峰，网鱼网咖&YVR 创始人

"所有消费品都值得重做一遍"是一句令人热血沸腾的话，但现实是很多新消费品品牌都没能活下来。在我看来，产品值得重做一遍，不是顺势而为做风口的猪，不是快速抓红利机会，更不是博眼球、搞流量，而是深刻洞察消费者需求，用产品解决方案满足消费者需求，给消费者创造独特的价值。今天同质化的产品太多了，更多的情况是消费者不需要你，是你自认为消费者需要你。品牌的存在，一定是因为你提供了差异化的价值，有区别于已有品牌或者产品的价值，才是一个品牌存在的意义。这倒逼每个品牌创始人，从第一天就必须思考为什么要创造一个品牌，对消费者的价值是什么。只有定义清楚品牌的价值主张，产品解决方案才有灵魂，才可以打动人心。这是我对品牌一个最朴素的理解，我相信这也是消费者对一个新品牌的灵魂拷问。

——陈建勇，usmile 品牌联合创始人兼 COO

认识乾源老师很多年了,他对消费市场的全局观和洞察力,一直是我非常认同和敬佩的。但是,当我翻开本书的时候还是被震惊到了,本书读起来就不舍得放下,恨不得一天看完整本书。书中对全球品牌发展过程的分析,尤其是通过分析日本品牌的发展历程推演出中国市场的机会,深刻到位。我对书中所言高度认同,自己也是切身实践者。这些理念和方法是我创业30年来一直在寻找的,尤其是最近5年公司聚焦做中国高端箱包头部品牌,更显得尤其珍贵。

本书还有大量的不同阶段中国消费者行为方式的详细分析,时间跨度大、涉及人群广、细节处颗粒度极细,难以想象乾源老师是如何做到如此翔实的洞察的。作为一个中国品牌的打造者和创业者,我认为本书值得反复细看。

——张新华,卡拉羊集团有限公司董事长

品牌如人,做品牌就是做人,需要用时间沉淀,始终维护好与消费者的关系。韩老师长期关注于新消费赛道,见解深刻,观点新颖、精辟,本书值得推荐。

——景昱东,三A集团、心想集团创始人

有免费流量才是品牌,有全渠道能力才是品牌,有溢价才是品牌,做好品牌是企业生存发展的基本课题。

——章骏,小贝科技创始人、北京奥运会火炬主设计师

当产品具有较大的创新性的时候,需要结合当前的趋势,选择最有效的电商渠道快速验证。一旦转化率高,就要借助资本的力量持续进行营销投入,并以6~12个月为周期快速迭代,持续在营销上的投入取得了明显的正向成果。如此,一个新势力品牌

就初步成形了。如果产品的普适性更强，要积极走向海外市场，在中国领先的产品，在全球也将是具有竞争力的。海外市场的发展将助推品牌的影响力和生命力，给品牌生长带来更广阔的空间。新品牌的建立是一个积累的过程，新品牌势能的释放需要一个过程。本书能帮助创业者找到一些新的方向，指引创业者做好品牌，找到下一阶段的发展策略。

——王志强，睿米科技创始人

中国制造的品质已经冠绝全球，未来会有一大批中国制造变成世界品牌，在这个过程中需要不断探索新时代下的品牌构建方法论。本书是乾源老师多年实战的总结，值得推荐。

——吴秋坪，后古集团创始人

品牌是中国企业打开国际化之门的钥匙。乾源老师把品牌比喻成人，提出三观和五商的概念，真的是令人拍案叫绝！认知是成功的前提，相信每个读完本书的人都会对品牌有全新的认知，拿到那把通向世界的金钥匙。

——王佳梁，触宝科技创始人

鲨鱼菲特一直在探索做爆品、做高势能品牌，期间跟乾源老师亦师亦友探讨学习了很多。本书给新消费品牌持续发展提供了可以落地的整套工具箱，值得推荐。

——高宁，鲨鱼菲特健康科技有限公司创始人

品牌的营销一定是火上浇油，而非水上浇油。好的品牌宣传一定是在爆品的基础上做势能放大。

——李健男，魔力薇薇（MOLY VIVI）创始人

纵有百万凌云志，不得风雨不得行。品牌的成功离不开团队

的努力，更需要时代的机遇。势能所向，一路生辉。

——刘光耀，Bosie 品牌创始人

一切产品皆内容，一切内容皆渠道，一切渠道皆品牌。品牌是灵魂，它体现在公司的产品、渠道、员工等用户接触的全触点。你可以从本书中找到打造高价值品牌的实操方法。

——吴声，场景实验室创始人

消费者买商品，到底买的是什么？买的无疑是产品和品牌的混合体。乾源老师既有一手的大厂经验，又勤于思考总结；既熟悉产品，又熟悉品牌营销。本书值得细细品读。

——洪华博士，谷仓新国货研究院创始人、
畅销书《小米生态链战地笔记》的作者

韩老师打造了十余个亿级品牌。本书是韩老师的实战经验萃取，值得推荐。

——吕守升，京东集团前副总裁、畅销书《战略解码》的作者

有知名度的是名牌，有价值观的是品牌，有自带流量与变现能力的是 IP。

这需要动能与势能的双重加持，如此才能波浪式前进、螺旋式上升。石头温馨提示：本书需要高深智慧的头脑，一只眼看纸面理解，一只眼看背后感悟，请认真阅读。

——杨石头，智立方、立体营销策划集群创始人

如何让自己的品牌更有能量是所有企业家应该持续思考的问题。本书讲述了做跨越周期的长红品牌的方法论，值得推荐。

——小马宋，小马宋战略营销咨询创始人

流量碎片化时代，从流量为王转为打造高势能品牌。本书结构严谨，既有高屋建瓴的认知，也有切实可落地的方法论，值得拜读。

——申晨，熊猫传媒创始人

孙子兵法讲：上兵伐谋，不战而屈人之兵，善之善者也。商业世界，品牌固为上兵之策。

——王雨豪，ahakid 创始人

很多人会误以为品牌不就是起个好听的名字，做个好看的标志吗，这是对品牌最大的误解。一个品牌的建立、传播和价值最大化，往往需要背后付出巨大的努力和海量的积累。一旦品牌构建成功就有了护城河，以品牌为核心的组合结构具有更强的抗风险能力。有趣的是，在新消费这个话题下，"土壤"经常被忽视，也就是产生今天这个时代品牌的基础人群认知正在发生巨大变化，想要在品牌势能上有所得，需要全新的视角去观察人群，找出独特点，找出需求的潜在要素。这些，没有大量的实战经验，就是天方夜谭。乾源老师多年来在大家耳熟能详的多家世界500强企业积累了丰富的实战经验，难得的是他一直在思考和总结，把战场上的"术"梳理成一整套的"兵法"，这可以从品牌认知、实操角度促使我们去重新认识品牌、构建品牌。丰富的案例结合精彩的战术，用四两拨千斤的手法，能帮我们迅速拨开品牌的迷雾，找出制胜之道。取势、明道、优术，这也是每个创业者需要花一些时间去认真阅读《品牌势能》的最大理由。

——李海波，星谷营地主理人、喜马拉雅前副总裁

品牌是一个公司的愿景和使命，在行业中的价值体现和定

位；是战略规划最终在市场上竞争的结果；更是产品和服务在用户心中长期的沉淀。

高势能的品牌以其强度和韧性，穿越行业周期而不断发展，跨越区域而融入本地。

——李可佳，高山科学促进中心/高山书院秘书长、字节跳动智慧教育前 CEO

商家真正的竞争对手并不是同行，而是瞬息万变的消费者需求——这是 7-Eleven 创始人铃木敏文的口头禅。在新消费时代下，企业更需要准确把握顾客的新需求，才能真正抓住机遇，实现企业发展。乾源先生用他独立、客观的视角及在消费品领域的多年从业经历的深刻洞见，帮助我们在这个新消费时代里更有效地进行学习。书中的每一篇都能带给我们巨大启发，能帮助我们更清晰地认知新消费，找到品牌高势能发展的正道。本书绝对值得朋友们品读！

——林泽深，a1 零食研究所联合创始人兼 CMO

当我纠结在新能源汽车行业内卷的业务中时，忽然收到乾源发来的新书稿件，一看书名，这不正是我们最近纠结的焦点吗：没有品牌势能的新能源汽车的新势力，怎么建立品牌认知，怎么打造自己的品牌，怎么建立品牌势能？

仔细看了前言，诧异于乾源的认知成长的高度、宽度与深度，以及持续的思考和笔耕不辍。

如同他开篇所言：一切皆是洞察力。拥有一双慧眼，看透事物本质，把握第一性原理，找到痛点，挖掘用户真正需要的产品，以此为起点和基础，后面才是品牌可期。

——赵彩霞，吉麦新能源汽车 CEO

国货崛起是中国供应链结合新品牌的价值创造之路，韩老师从自己实践到帮助别人成功，形成一套系统性的商业洞察和产品定位的方法论，是新品牌借势破局出圈指南。我在1688创办超级工厂期间有幸邀请到韩老师给中国领先的厂长上课，如今新作的诞生，中国品牌势能必将如虎添翼！国货之光势不可当！

——陈盛，阿里巴巴1688分销供应链总经理

品牌是一张让消费者对企业一呼百应，自发地围绕在企业身边的魔法牌。只要亮出这张牌，企业所做的产品或者服务就可以毫不费力地迎来争相购买的消费者。而这张牌的魔法则是由一次一次的爆品和服务带给消费者的满意度汇聚而成的。虽然爆品是有生命周期的，但品牌却是企业获得的长期资产。

——李永琴，Indiegogo中国区总经理

品牌是撬动市场的基石，是和消费者认知触点的桥梁，也是可持续发展的护城河！

——黄惠华，梦洁家纺股份有限公司CEO

通过打造跨越周期的大单品去塑造品牌势能，给企业带来长久的增长动力。

——马瑞国，新秀丽集团大中华区总裁

认识韩兄时，我们对渠道、爆品、品牌和企业经营有过深入的交流。我认为，他是一位具有丰富实战经验又能沉淀理论知识的专家。他对消费市场的深刻理解和长期洞察，累积成如今体系化的理论和方法，相信能对创业者和经营者有所启发。

——王烨，欧普照明股份有限公司副总裁

势能是交易效率，势能是溢价能力，势能是用户信任，势能是品牌秘密。

——贾鹏雷，亿邦动力总裁/马蹄社发起人

持续打造爆品已经成为企业的核心竞争力，背后有很多规律可循，韩老师总结多年的经验，找到了企业爆品的密码。本书值得期待！

——班丽婵，CMO 训练营创始人

新消费时代，品牌势能不仅仅是一句口号，而是结合新生代消费者洞察和产品独特价值主张的品牌塑造！韩老师的多年品牌操盘经验让本书既有高度，又很落地。期待本书能够让中国的新消费品牌势能大涨！

——马成功，原京东大学执行校长

从网红到长红、从流量到留量、从白牌到品牌的过程都需要不断创造客户价值和提升转化率，才能逐步建立品牌势能，最终成为高势能品牌。本书从宏观、中观、微观以及未来趋势几个方面深入浅出地讲解了品牌势能形成的策略和方法。

——陈勇，畅销书《超级转化率》的作者

乾源兄的新书并非倡导我们学习各种新的奇技淫巧，而是回归商业常识，即站在消费者视角的价值创造。高势能品牌不是如何给自己实现高溢价，而是如何给用户实现高价值。本书的洞察值得所有希望打造高价值品牌的公司细细品味。

——李云龙，《增长战略》《增长思维》《增长领导力》的作者

曾经有幸邀请乾源为木兰姐品牌人社群做多次分享，他分享的爆品战略至今令我记忆深刻。乾源操盘过 10 多个亿级新消费

品品牌，对新消费浪潮下的新客群、新品类、新产品、新内容、新营销、新组织有着独到理解，本书更是乾源的分享升华版，向我们展示了新一代消费品牌经营的逻辑，对新品牌、新营销的发展有很强的指导意义，我认为值得每个创业老板、品牌及市场营销从业者借鉴和思考。

——木兰姐，名创优品前CMO、畅销书《打爆口碑》的作者

品牌是消费者可感知到的产品体验、服务和可共享的价值观综合汇总。通常品牌方想要传递的信息和消费者感知的信息会存在偏差。作为品牌方的我们需要首先认可这种偏差，并通过品牌的言和行来修正，让与品牌共享价值观的消费者有满意的服务和体验。

——EJ，黄怡捷资深品牌与产品创新专家

本书彻底讲透了品牌的商业规则，以四大模块点明了如何建立品牌势能和经营爆品决胜未来的密码，为中国企业和行业从业者提供新颖、可借鉴的实战案例，值得反复阅读！

——胡曾广，完美日记前CIO

本书思路很清晰，维度也很全，也有成体系的方法论。当下消费者的分化很严重，需要数字化的量化模型和对人群的精细化分析。企业只有精细化运营消费者群体，才能最大化地获得收益。

——沈欣，喜茶前数字化高级副总裁、百果科技前首席技术市场官

序 言

新消费浪潮下新国货品牌的黄金时代到来

最近几年，我发现身边的很多朋友都将生活用品从国外品牌换成了国内品牌，走在大街上看到身穿安踏、李宁和波司登等国货品牌服装的人群也明显增多。市场上批量崛起了一大批新国货品牌。比如，做国风美妆的花西子、做健康饮料的元气森林、做新兴茶饮的喜茶等新锐品牌。李宁、波司登等经典品牌也焕新升级并引领时尚潮流，在世界各大时装周上展示中国品牌风采。在新消费趋势下，大品牌们也纷纷推出面向年轻人的新品牌，比如统一集团推出了自热火锅开小灶，满足当代年轻人对快捷方便的一人食的新需求。令人自豪的是，很多中国品牌已经畅销全球，像华为手机、小米手机纷纷进入全球智能手机销量前列。安克（Anker）品牌推出的移动电源、充电线等数码产品也进入欧美亚马逊年度销量前三名；快时尚电商平台SHEIN的服装饰品在欧美也大受欢迎，根据PYMNTS的购物应用排行榜（2021年），SHEIN的App更是以1.9亿次的下载量，超过亚马逊成为全球下载量第二的购物App。这些现象都预示着**由年轻人带动的新消费升级的黄金时代已经到来，中国品牌正在强势崛起，并逐步发展为世界品牌**。

一、什么是新消费？

"新消费"是指由数字技术等新技术、线上线下融合等新商业模式及基于社交网络和新媒介的新消费关系所驱动的新消费行为。党的十九大报告指出：中国特色社会主义进入新时代，我国社会主要矛盾已经转化为人民日益增长的美好生活需要和不平衡不充分的发展之间的矛盾。这说明了老百姓消费升级的新需求需要用新型供给去满足，从而带来消费新"增量"和人民的幸福感。新需求需要新的产品来满足，而新的产品又需要新技术、新理念和新方法去打造，这就是新消费浪潮的时代机遇。

二、为什么说在新消费时代机遇下，属于新国货品牌的黄金时代已然到来？

需求市场不断扩大：2021年，中国社会消费品零售总额约为44.1万亿元，即将超过美国跃升为全球第一大消费市场。我国幅员辽阔且市场纵深大，这就给消费品牌创新提供了更多的机会。随着健康和卫生水平提升带来人们寿命的逐年增加，未来的品牌将同时面对四五代人的大消费市场，因此又有非常多的细分人群需求可以把握。

供应能力全球最大：在工业品领域，目前中国已经拥有41个工业大类、666个工业小类，形成了一套完整的现代工业体系，是全世界唯一拥有联合国产业分类中所列全部工业门类的国家。在世界500多种主要工业产品中，有220多种工业产品产量都居全球第一，也就是说这220多种产品中国的产业规模能带来巨大的效率优势，都有机会做出全球品牌，未来这些品类从大到强的过程也就是中国制造走向世界品牌的进程。

最适宜的成长环境：中国正在建设全球最高效的基础设施，这进一步提高了供给和需求的匹配效率。互联网、数字化、物流等新基建给国货消费品牌提供了成长的沃土。资本市场的持续发展也会进一步助推中国品牌快速发展。

文化自信和对美好未来的预期：Z世代^㊀新人群和新中产人群的快速崛起产生了巨大的消费升级需求。随着中国制造品质的提升和文化自信的增强，新一代消费者产生了极大的国货认同和新型升级需求，不再盲目迷信国外大牌，促使国货品牌逐步替代国外品牌。

消费领域行业人才趋于成熟：在过去几十年里，一大批消费品巨头培养了很多本土消费品行业精英，再加上中国电商的蓬勃发展更是孕育了一大批互联网运营高手，为消费品牌腾飞提供了最坚实的人才基础。在过去的观念中，人们很难接受名牌大学生毕业后去卖饮料、做餐饮。在今天，消费品行业的人才待遇和受尊重程度大大提高，很多90后和95后年轻人投身新消费领域，他们与成长于物质稀缺年代的60后和70后不同，从小就一直用着好产品，也受过良好的教育，带着做好的产品给人们带来美好生活的愿景加入消费品行业。**可以说，在今天中国消费领域中的很多细分行业，都有重新再做一遍的机会。**

三、新消费时代浪潮下，个人如何把握机会和获得成长？

茨威格在《人类群星闪耀时》一书中写道："一个人生命中最大的幸运，莫过于在他的人生途中，即在他年富力强的时候发现了自己的使命。"雷军说："在风口上，猪也能飞起来。"这里

㊀ Z世代，又称"互联网世代""二次元世代""数媒土著"，通常是指1995—2009年出生的一代人，他们受数字信息技术、即时通信设备、智能手机产品等影响比较大，一出生就与移动互联网时代无缝对接。

说的风口不是投机取巧，而是时代的机遇。**很多企业家的成功都是自身的能力和时代的需求相匹配，英雄和大势缺一不可。**目前，中国 A 股市值千亿元的公司有 100 家以上，这些大公司也是与时代机遇完美匹配才成就了巨大的品牌价值。这就像美国 20 世纪 70 年代崛起的耐克、星巴克等一大批走向全球的消费品巨头，因为一个国家消费品牌的崛起一定伴随着制造业和新中产人群的崛起。未来 10 年，中国一定也会诞生很多千亿级别的世界消费品牌，当趋势来临时，唯一的选择就是积极拥抱它。

在过去几十年中，中国经历了体制改革、房地产和互联网等大的时代浪潮。每次浪潮中都会诞生新的市值千亿元公司，行业内从业者的个人财富随之水涨船高。未来的新浪潮在哪里？毫无疑问，解决"卡脖子"技术的新科技，提升人们生活水平的新消费、新国货和新制造都是新的时代机遇。如果早出生 10 年从事消费品行业，也赶不上新消费这波浪潮，大概率只能做个代加工厂老板或者小而美的设计师品牌，因为那时的中国品牌还不能与国外消费品巨头掰手腕。如果晚 10 年从事消费品行业，大概率也只能做一个"螺丝钉"，一板一眼地在大企业里工作，因为那时能做的细分品类都已经有了寡头。**任何一次浪潮的崛起，只有在它处在朝阳的时候进入，才能在其分工体系内获得远高于社会平均水平的收益。**

新的浪潮会带来新的职业，如品牌主播、短视频投手、私域流量专家和首席内容官等，这些岗位都需要全新的能力，对个人来讲也是一个全新的成长机会。大潮之下，也会有不少企业跟不上时代的步伐。**企业要清晰地认识到，没有永远的品牌，只有时代的品牌；没有永远的企业，只有时代的企业。**

四、如何认知新变量？如何理性认识新消费，获得品牌高势能增长？

在过去十多年的从业经历中，我既在三家世界500强公司从0到1参与孵化了几个百亿级项目，也创业孵化了年营业额超10亿元的消费品牌。我发现，很多所谓的"成功方法论"不仅无法学成，反而会让人邯郸学步。**因为成功了说什么都是对的，失败了说什么也没人信**。一个品牌做好了，市场就会出现很多不了解内情的商业分析文章，而外部的分析大多数只看到了表象，甚至生硬地总结了成功者自己都没想到的商业模型。即使成功的企业老板自己分享，因为代表了企业形象也会有两个问题。一个问题是盲目地进行成功归因和事后美化总结。他们的成功可能是享受了时代红利，但是他们会将其成功归结为自己能力强，或者事后总结一些当时完全没有想到的理论来粉饰成功。第二个问题是因为市场是充分竞争的，成功企业很难把自己压箱底的独门绝技完全说出来，对外说得更多的是带有品牌公关性质的"广告"，即使企业家真的无私分享了自己的成功经历，很多听众也不一定爱听，因为很多人都想听一招制胜的绝技，但实际上很多企业的成功靠的是"通盘无妙手"。⊖

那么，我们如何学习别人的成功经验并获得成长呢？

我发现那些真正在新商业突围的成功人士多是抓住了一些

⊖ "善弈者，通盘无妙手"是说真正的高手下棋，并不会刻意追求所谓的妙手，而是按照围棋的规律，自然而然、一步一个脚印地向前推进。而当对手下出坏棋、露出破绽时，他才会抓住时机，以不易察觉的妙手给予对手严厉的打击。

"别人没有发现或者即使发现了也不相信"的新变量,很多的成功都是"非共识"的。如果你有一个想法提出来,所有人都说好,那么大概率你要冷静下来再想想,因为太阳底下无新事。如果你的想法不被大部分人认同,你并不一定要放弃,坚持一下可能会开辟一片新天地。在露露乐蒙(Lululemon)之前,没有人会相信通过卖瑜伽裤市值可以超过阿迪达斯。它的创始人奇普·威尔逊(Chip Wilson)就是把握住了女性意识崛起这个新变量,才用创新的科技材质和时尚的设计开创了女性运动休闲这个新品类。在华为消费者业务崛起之前,也没有人会相信华为做手机能成功。余承东在2012年发微博说:"华为要从运营商定制的中低端白牌手机,转型为自主研发的面向消费者的中高端自有品牌手机,硬件要做世界第一。"当时可能没有人会相信他,甚至还会有人觉得他疯了。在那个苹果、三星强势崛起的年代,华为、中兴、酷派和联想等只能通过做通信运营商定制手机占有一定的市场份额。那时,很多手机用户甚至都不知道华为在做手机,而余承东在2012年立下的7个目标在六七年之后都一一实现了。余承东看到了用户对更好体验产品的需求变化,认识到一直给通信运营商做定制低端手机虽有利润却无法树立品牌专业形象,只有坚持做自主研发的中高端手机才能树立品牌专业形象,打造品牌影响力。据说这个战略转型当年让华为损失近2000万台定制手机销量,但正是这种看准未来、把握变量和敢于创新的勇气成就了今天的华为。

真正的成功往往诞生于"非共识"的构想,把握住了新变量机会。这背后要深入一线做大量的市场调研和用户调研,找到用户自己也没有意识到的痛点和需求并提供合适的解决方案;这背后要对自身能力和外部变量有充分认知,要有敢于进入无人区的勇气；这背后更要有对放弃短期利益、坚持长期品牌价值的坚守。在真实的商业竞争中，理性看待外部环境，不盲从、不偏激、坚持创新的勇气和精神尤为重要。

如何理性认识新消费？在资本的追逐下，任何事物好像带了"新"字就瞬间上档次了，仿佛带了个"新"字就可以融资了。2016年大火的新零售如今鲜有人提，"新消费"这个词又能火多久呢？之前有个笑话，只要在小红书上投放5000篇笔记，在知乎上投放2000个问答，然后在淘宝上找流量主播直播一场，一个新品牌就做起来了。实际的情况呢？随着几家新消费品牌上市后利润的和股价等表现低于预期，资本慢慢回归理性。已经"在路上"的新品牌为了尽快"上岸"，不断通过买流量和促销提升销量，通过直播冲平台榜单。很多新品牌的想法是利用资本的力量先冲销量，拿到天猫、抖音等电商平台细分品类的第一名，然后用这个成绩单再融资"续命"。实际上，一旦停止了促销和直播，销量马上就会大跌。在后疫情时代，更需要品牌回归本质和常识看待消费。其实，消费是个存在上百年的行业，**无所谓新消费和旧消费，核心都是要解决消费者为什么需要你的问题。只有创造价值，才有发展、有未来。本书提及的"新消费"中的"新"是创新的新，旨在用新产品、新技术、新媒介和新模式提高价值创造的能力和价值匹配的效率。**

尤其是在互联网高速发展的今天，做品牌的优秀做法很快会在互联网上传播，所有人都能很快学会，这时品牌自身独特的价值就显得格外重要。

品牌需要正确认识新消费这波浪潮：

正确认识红利与风口，借势发展壮大自身。

正确认识周期与波动，打造跨越周期的大单品。

正确认识价值与品牌，从网红品牌到长红品牌。

同时也要关注经营的本质，强化自身能力。

从流量到留量：从关注流量红利到关注用户留存和复购。

从爆品到品牌：爆品总有兴衰，从测试爆品的卖货思维转为持续创新孵化爆品、经营用户的品牌思维。

从线上到线下、从公域到全域：线下店是品牌的根基，没有线下店的品牌只能称为"淘品牌"。品牌要有完善的线下销售体系让用户认知和体验，以此构建品牌价值感。能被用户感知的价值才是真的价值。同时要构建属于自己的私域流量，也就是品牌自己可以免费触达、运营和销售的用户，公域获客+私域运营的全域增长是品牌未来的必备技能。

从短期增长到长期价值：烧钱—融资—烧钱，追求短期的商品交易总额（Gross Merchandise Volume，GMV）难以长久，未来品牌要构建自身的技术研发、产品创新和供应链等护城河，持续给用户创造价值。

无论你是从事品牌营销、产品生产或技术研发的人员，还是从事销售和零售的人员；无论你是新品牌的创业者，还是大品牌的操盘人，我都希望通过这本书和你一起探索做强新国货，做高势能国货品牌的发展之路。

本书导读

为什么要做高势能品牌？如何构建品牌势能？

在如今的市场环境下，并不是注册一个商标或者做一波广告就能成为有价值的品牌。只有提升品牌自身的势能，才能有更大的能量持续高质量地增长。

能带来产品溢价的才是高势能品牌，能带来免费流量的才是高势能品牌，能拥有消费者持续复购和转推荐的才是高势能品牌。

那么，如何做一个高势能的品牌呢？

首先，洞察力是提升品牌势能的基础。无论大到对宏观的消费趋势、市场趋势和用户趋势的洞察，还是小到对一个产品痛点或一个用户烦恼的洞察都是建立增长的起点。乔布斯洞察到智能手机的新趋势，打造了苹果手机并带领苹果公司一举成为21世纪最伟大的公司之一。雷军因为洞察到中国手机和电视从功能机切换到智能机的机会窗口，用七年的时间打造了营收突破千亿元的小米公司。元气森林因为洞察到健康饮料新趋势和消费者想喝甜味又怕胖的痛点，打造了0糖0卡0脂的气泡水，用五年的时间做到了年营收近70亿元并成功跻身头部饮料品牌。由此可见，品牌增长的起点源自洞察，洞察力也是打造高势能品牌的基础能力。

其次,精准的品牌定位和品类赛道选择有助于提升品牌势能。最近几年大火的新能源汽车三巨头——蔚来、理想和小鹏汽车,都有其自身明确的品牌定位。蔚来汽车的主力产品定价在40万~50万元,主要定位是满足奔驰、宝马和奥迪等中高端燃油车用户的增购或更换新能源车的需求。号称"奶爸车"的理想ONE和理想L9都定位于三排座SUV,主打全家安全出行的家庭用车。小鹏则通过更好的智能座舱体验和20万~30万元更加亲民的价格,成为年轻人的第一台智能电动车。三个品牌都通过精准的定位,在红海竞争的新能源车市场中占据了一席之地并快速增长。它们选择的新能源车这个品类赛道,本身就是一个潜在高速增长的万亿级市场,一个高速增长的高势能品类会给品牌带来极大的增长势能,这股力量也让中国品牌的电动车实现了弯道超车,真正在四五十万元的中高端市场上得以畅销。

最后,品牌势能体现在品牌自身的产品力、营销力、渠道力和组织力等组合能力上。品牌定位是打造认知,爆品打造则是夯实认知的事实。只有持续打造跨越周期的长销产品,才能不断给品牌加分并获得持续增长。如果说产品是1,那么营销和渠道就是1后边的0,好的产品需要好的营销内容和高效运营的渠道去触达用户,这样才能有更好的销量。如果说产品力是价值创造的能力,那么营销力和渠道力就是价值传递的能力。而这些能力背后需要强大的组织力去支撑,因为所有事都是人做出来的,优秀的文化和优秀的人才是企业增长的底层支撑。

综上所述，我们可以得出品牌势能架构模型，如图0-1所示。

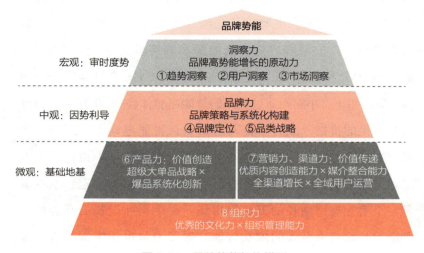

图0-1 品牌势能架构模型

目　录

本书所获赞誉
序言　新消费浪潮下新国货品牌的黄金时代到来
本书导读

第一模块
宏观——审时度势：
洞察力是品牌高势能增长的原动力

第1章　消费趋势洞察：找到跨越周期的力量 / 008
  1.1　消费趋势洞察 / 008
  1.2　消费趋势的启示 / 013
  1.3　趋势变量：宏观环境影响消费 / 019

第2章　用户洞察："视人为人"，洞察用户需求 / 021
  2.1　视人为人 / 022
  2.2　消费新势力：从成长周期了解 Z 世代 / 026
  2.3　消费新蓝海：重新认识银发人群的消费潜力 / 035
  2.4　用户变量：新人群、新场景、新需求驱动增长 / 041

第3章　市场洞察：找到市场增长点 / 046
  3.1　市场选择五步法 / 046
  3.2　市场变量：地缘套利和大牌平替 / 055

第一模块总结
  案例：无印良品如何提升品牌洞察力 / 059

第二模块

中观——因势利导：
品牌定位与品类战略构建品牌势能

第 4 章　品牌的构建方式 / 065

4.1　品牌的特点 / 066

4.2　制定企业品牌策略 / 067

4.3　产品品牌与渠道品牌 / 069

4.4　动能品牌与势能品牌 / 076

4.5　品类王品牌与场景品牌 / 081

4.6　探照灯品牌和后视镜品牌 / 086

4.7　打造新品牌的注意事项 / 087

第 5 章　品牌如人 / 090

5.1　品牌如人，做品牌如同做人 / 090

5.2　品牌三观 / 095

5.3　品牌五商 / 098

5.4　品牌与人的关系 / 103

第 6 章　品牌定位与品类战略创造高势能增长 / 106

6.1　品牌战略的核心：品牌定位 / 107

6.2　如何起个好的品牌名 / 113

6.3　品类战略：隐藏在品牌背后的力量 / 116

6.4　品类品牌化的策略和方法 / 122

6.5　品牌与品类变量：用户价值和用户场景 / 125

第二模块总结

案例：花西子打造东方彩妆高势能品牌 / 129

第三模块
微观——产品力、营销力、
渠道力与组织力支撑品牌势能

第7章　产品新思维：产品即内容，做有灵魂的产品 / 135

  7.1　产品赛道的选择与产品定义 / 137

  7.2　营销前置：有内容的产品才有价值 / 148

  7.3　产品设计与用户体验 / 150

  7.4　产品变量：打造跨越周期的爆品 / 152

第8章　营销新打法：内容营销与媒介策略 / 155

  8.1　内容即产品：做有情、有趣、有用、有品的内容 / 155

  8.2　媒介即人群：整合营销力量大 / 163

  8.3　营销的去向：意义营销 / 168

  8.4　营销变量：让产品诠释新的意义 / 170

第9章　渠道新动能：全域流量增长、全球渠道拓展 / 176

  9.1　主流电商与新兴电商两手抓两手硬 / 177

  9.2　实验气质、艺术气质和社区氛围的线下旗舰店崛起 / 184

  9.3　流量新蓝海：私域流量和海外渠道 / 191

  9.4　渠道变量：从线上到全渠道，从公域到全域 / 198

第10章　组织新动力：组织共识与创新 / 201

  10.1　大脑引领方向：用使命、愿景和价值观构建一套企业文化的"操作系统" / 201

  10.2　腰部强力支撑：战略、目标和运营机制驱动正确行为 / 206

  10.3 大腿落地执行：人才、组织和方法工具共同驱动结果 / 209

  10.4 组织变量：信息权与决策权 / 212

第三模块总结

  案例：产品力、营销力和用户力驱动始祖鸟获得持续增长 / 216

第四模块
新消费的去向：
时间会让真正优秀的新国货走向世界

第 11 章 找到战略生态位：位置决定势能 / 223

  11.1 打造势能：找到自己的专属生态位 / 223

  11.2 驾驭变量：基础设施、用户意识与新技术 / 228

后记 关于品牌、产品、营销、组织和创业的深度思考 / 233

第一模块

宏观

——审时度势：洞察力是品牌高势能增长的原动力

> 人为什么要消费？消费并不完全都是劳动力的再生产过程，真正的消费就是一种人性的恢复过程。
>
> ——马克思

本模块解决的问题：

1. 为什么说洞察力是品牌增长的原动力？如何洞察消费趋势、用户需求和市场机会？

2. 通过总结日本的消费趋势，洞察中国未来消费的趋势和机会。

3. 如何做好用户洞察？如何洞察不同类型人群的消费特征？

4. 国内和国际品牌大乱斗、新老品牌抢市场，企业如何找到切合自身的新增长市场？

5. 打造新品牌或新品类时，如何判断品类增长的天花板？

洞察力是深入事物或问题的能力，是通过表面现象精确识别背后本质的能力。它是一种结合分析、判断和观察的综合能力，能发现别人不易察觉的隐藏事实。

洞察力是品牌捕捉用户需求和市场变化，建立有效策略和开展行动去捕捉新增长机会的前提。选择品类赛道，打造产品，规划渠道策略，策划营销事件等都基于洞察。借用电影《教父》中的经典台词："在一秒内看透本质的人和花半辈子也看不清事物本质的人，注定拥有截然不同的命运。"就竞争激烈的商业环境而言，更是如此。所以，洞察力是品牌创新和增长的原动力。

本模块将会从消费趋势洞察、用户洞察和市场洞察三个角度分析当前的消费商业机会。要想构建洞察力，品牌需要拥有丰富的市场环境信息来洞悉宏观趋势，需要具备高度敏感的感知力来体察用户需求和市场环境，并结合科学的方法勤加训练。

亚马逊创始人贝佐斯说自己常常被问道，在未来十年什么将会发生改变，但他更关注在未来十年内什么将保持不变。亚马逊的确把握住了用户希望多快好省这些不变的需求，把自身能力构建在能持续沉淀、可以产生用户价值和具有复利效应㊀的事物上。巨头关注不变的本质没有错，**但是只有变量是解释未来趋势的微弱信号，对中小品牌而言，只有把握住一开始没有人关注或者没有人相信的非共识性的信息，才是新增量的开始。只有捕捉变量，才能获取增量**。这不是鼓吹品牌去抓红利而忽视自身的能力构建，而是变量往往是品牌获取新增量的机会。品牌把握住新增量的机会就像用风力帮助飞机起飞，可以用更小的代价起步，飞得更快，等飞到了平流层具备了势能后就非常安全了，后续可以用更少的油去飞行，也可以花时间来夯实自身的内功。

消费是一个存在了数百年的行业，但过去的消费行业变化相对缓慢，受到的风险投资关注度也低。这主要是因为消费行业的大企业通过滚雪球的方式维持着自身的优势。它们通过抢占电视台和电梯等核心媒介的广告位提升品牌知名度，通过招揽全国经

㊀ 复利效应是指资产收益率以复利计息时，经过若干期后，资产规模（本利和）将超过以单利计息时的情况。事实上，复利计息条件下，资产规模随期数成指数增长；而单利计息时，资产规模呈线性增长。因此长期而言，复利计息的总收益将大幅超过单利计息。

销商扩大渠道，在垄断了媒介和渠道的优质资源后形成了强者恒强的市场格局，让新品牌鲜有机会崭露头角。

消费投资行业有两个不成文的方法论：二元法则和七定律。

二元法则是指一个成熟的市场通常会有双寡头存在，老大和老二加起来占行业百分之七八十的市场份额，而剩下20%左右的市场会被垂直细分的中小品牌覆盖。通常，行业老大和老二打架，损失最惨重的是老三。在可乐领域，可口可乐和百事可乐占据了大部分市场，本土品牌的挑战者非常可乐最后淡出市场。一般来说，如果行业只有一个"可口可乐"，资本会再投资一个潜在的"百事可乐"。一旦行业里有了双巨头，留给新品牌的机会就没有那么多了。正因为如此，新品牌往往从新兴市场或成熟市场的细分品类起步。

七定律是指消费者在一个品类里能记住的品牌一般不会超过七个。在实际竞争中，很多企业还会在同一品类里孵化一些新品牌来最大限度地占有市场份额，比如华为孵化了荣耀，丰田孵化了雷克萨斯，海尔孵化了卡萨帝等。所以，企业要充分认知自身所处的市场位置，并采取对应的品牌策略。

无论企业孵化新品牌还是新公司破局，往往都是新变量的出现才会带来新的机会。只有出现新变量，新进入者才有机会建立"有利地形"并实现逆袭。如果变化很慢或没有变化，那么新进入者就只能同市场的老大哥在"平原上拼刺刀"，取胜的概率非常低。

消费市场有三大常见的变量：新渠道、新媒介和人口结构的变化。

第一个变量是新渠道。在线下渠道为王的时代，渠道的准入门槛很高，进驻谈判、终端维护、促销员管理等领域上都有着巨大的技术诀窍（know-how）㊀。在那个时期，只要品牌把控住了线下渠道，新进入者就很难有机会。但传统品牌的组织之间会有各渠道利益的争夺，所以它们对新兴渠道的反应往往偏慢，这就给新进入者提供了绝佳的新契机。比如在内衣领域，巨头品牌一般拥有强大的线下体系，为了维持线下的经销体系和价格体系，它们同天猫等线上渠道的合作不够深入，这就给 ubras 和蕉内等一大批新锐品牌崛起的机会。而在家纺领域，几大巨头早就把战略重心放在了电商上，其中四家上市公司的电商营收占比都达到 30% 以上，所以在家纺行业鲜有新品牌成功。

2013—2016 年，韩都衣舍、三只松鼠等第一波淘品牌跟随线上电商平台的步伐快速崛起。随着传统电商的红利消失和新渠道短视频平台电商的快速发展，太平鸟、TeenieWeenie 等一大批经典大牌有了焕新升级的机会。它们纷纷快速布局抖音电商，实现了单月销售破亿元的好成绩。由此可见，新兴渠道往往带来巨大的新增长机会。

第二个变量是新媒介。小红书、知乎、抖音、快手和视频号等新媒介的出现给了品牌触达用户和实现"种草"的新机遇。在移动互联网刚崛起的时候，消费者的购买习惯是先在线下看实物产品，然后去线上找同款来对比价格，最后在价格更便宜的渠道下单。今天，随着线上"无限货架"的极大丰富，用户养成了看到喜欢的产品直接购买的购物习惯，对价格早已不那么敏感。

与此同时，消费者获取信息媒介的迭代也会影响用户的购买

㊀ 最早是指中世纪手工作坊中的师父向徒弟传授技艺的总称，多指从事某行业或者做某项工作所需要的技术诀窍和专业知识。

决策。不同媒介平台的崛起，会带来用户获取信息方式和消费习惯的变化，也是助推不同品类和品牌崛起的重要变量。例如，互联网初期的媒介信息内容大多是文字及少量的图片，利于笔记本电脑这种只需要了解文字描述的参数和配置的标准品。随着微信公众号和小红书等媒介的出现，信息调整为以视频＋图片＋文字的形式出现，使得服饰和美妆产品的特性得以放大。短视频和直播的兴起让消费者的购买习惯从人找货变成了货找人，从想到了再搜索，变成了看到了直接买。这就促使地方美食、新奇特产品等便于视频讲解的品类得到了爆发式增长。从 2017 年开始，美妆和饮料等行业诞生的完美日记、元气森林等一众新消费品牌就跟着小红书等内容平台的崛起吃到了一波红利。

第三个变量是人口结构的变化。第七次人口普查显示，中国即将进入少子化和老龄化社会。1971 年我国开始推行的计划生育政策，使得中国很多家庭是 4＋2＋1 结构，即一家有一对夫妻、四个老人和一个孩子。在未来，这样的家庭结构会带来老人的消费需求增加和孩子的消费质量提升。一方面，老人数量多会催生出老年人产品的需求，而目前中国市场上还缺乏针对老年人的知名品牌；另一方面，被全家人宠爱的孩子促进了高品质母婴消费的快速爆发，新一代父母的养娃方式比过去更精细化，使得像 Babycare 等一大批母婴新品牌快速增长。

快变量带来的变化往往是一次性的、较难把握的变化；慢变量带来的改变往往是结构性变化。打个比方，海面上有波浪，快变量就像一阵阵吹来的风，如果只看快变量，会认为波浪是风引发的；慢变量则像潮汐，它是引起波浪的底层原因。很多人都知道大趋势，而洞察大趋势中的小趋势和多数人忽视的慢变量才是决胜的关键。慢变量有点像"灰犀牛"⊖,知道它存在的人很多但往往容易忽视它,等到它真正冲过来的时候却发现已然来不及躲闪。人口结构就是典型的慢变量。

只有带着变量思维去做洞察,才能看到新的增长机会。新机会可以结合消费趋势洞察、用户洞察和市场洞察这三方面来寻找。

⊖ 灰犀牛是指明显的、高概率的却又屡屡被人忽视,最终有可能酿成大危机的事件。因为灰犀牛体型笨重、反应迟缓,人们可能看见它在远处,就毫不在意,一旦它向人狂奔而来,会让人猝不及防,直接被扑倒在地。

Chapter One
第 1 章

消费趋势洞察：找到跨越周期的力量

1.1 消费趋势洞察

当把时间和空间的坐标轴拉长后，我们会发现随着时代的发展，人们的消费理念最终会大致趋同，只是在行为上具有本国文化和个性的差异。所以在分析消费趋势时，**我们不仅要跳出当下，从历史的角度看消费；还要放眼世界，从全球的角度看消费。**

每个消费行为的背后都代表着一个人的习惯，而这个习惯是受其背后的城市、社会和文化等要素影响的。若想了解消费者行为背后的本质，需要从城市和社会的发展逻辑入手，在动态的历史变迁中进行深入分析。

洞察整个社会的消费趋势对于品牌增长至关重要。品牌需要从更长的历史周期中了解消费的整体发展趋势，从而更好地发现增长机会。日本消费市场对中国消费市场有着很大的借鉴意义。我们可以以日本消费社会进化史为原型来对比理解中国的消费社会阶段，并对很多现象背后的本质原因进行解读。

根据日本的消费研究者三浦展的调研，日本总共经历了四个消费社会（见表1-1）。接下来，笔者将借用此概念进行日本和中国的消费趋势分析。

表 1-1 日本的四个消费社会

时代划分	第一消费社会 1912—1941 年	第二消费社会 1945—1974 年	第三消费社会 1975—2004 年	第四消费社会 2005—2034 年
社会背景	以东京、大阪等大城市为中心的中产阶层诞生	从战败、复兴、经济高速增长到石油危机；大量生产、大量消费，全国1亿人口中产阶层化	低增长、泡沫经济、金融破产、小泉改革；贫富差距拉大	经济长期不景气导致收入减少；人口减少导致消费市场缩小
人口	人口增加	人口增加	人口微增	人口减少
出生率	5%	从5%下降到2%	从2%下降到1.3%左右	1.3%~1.4%
老龄化比率	5%	5%~6%	6%~20%	20%~30%
国民价值观	国家；消费属于私有主义，整体来讲重视国家	家庭；消费属于私有主义，重视家庭、社会	个人；私有主义、重视个体	社会；趋于共享、重视社会
消费趋向	西洋化；大城市倾向；—	大量消费；大的就是好的；大城市倾向、美式倾向	个性化、多样化、差异化；品牌倾向；欧式倾向	无品牌倾向；朴素化、休闲化倾向；本土化倾向
消费主体	文化时尚；—；—	私人住宅；每家一辆私家车；3C大家电商品	从量变到质变；每家数辆私家车；个人化小家电商品	联系是核心；每人一辆；汽车、住宅共享
消费承担者	中产阶层家庭；时尚男女	小家庭；家庭主妇	单身者；啃老族	所有年龄层；单一化的个人

资料来源：三浦展. 第四消费时代 [M]. 马奈, 译. 北京：东方出版社，2014.

1. 第一消费社会

关键词：中产阶层诞生、人口大幅增加、大城市倾向、私有化消费、追求时尚。

日本的第一消费社会是从 1912 年到 1941 年，**主要是以城市为中心的少数中产阶层享受的私有化消费**。这个时期，日本的人口出生率在 5% 以上，新生人口保持高速增长，老龄化程度很低。人口向东京、大阪等城市聚集，从而产生了中产阶层。当时著名的东京电器（东芝的前身）生产的电灯泡和缝纫机开始流行。消费的主力人群是中产阶层和时尚人群，整个消费趋向西洋化和时尚化。那时在日本城市的繁华街区里常常可以看到穿着时尚的"摩登男孩"和"摩登女郎"。他们的衣食住行开始模仿西方国家，身穿西装并吃着"咖喱饭、炸猪排、可乐饼"三大流行西餐，这样的生活方式是日本现代社会的原型。

中国的第一消费社会在 1949 年到 1978 年。这一阶段同样人口增长很快，在集体计划经济下，人们用粮票换取生活所需。供给的稀缺导致国民消费的产品基本一致，这一阶段大众的消费意识刚刚开始萌芽。

2. 第二消费社会

关键词：经济高速增长、人口大幅增加、家庭消费、大量消费、3C 家电。

日本的第二消费社会是从 1945 年到 1974 年，**是以家庭消费倾向为核心的消费**。在经过战争造成的匮乏后，日本迎来了新的高速发展，并于 1960 年制定了收入倍增政策。1964 年的东京奥运会进一步促进了日本经济的发展，并使日本于 1968 年正式成为全球GDP第二强国。这一阶段，日本的人口出生率从5%下降到2%，老龄化比例略微上升。人口进一步向城市集中，越来越多的大城市得到快速发展。相较于以手工生产产品为主的第一消费社会，以家用电器为代表的批量生产的家庭消费品在第二消费社会得到快速普及。空调、冰箱、洗衣机等电器产品是其中的典型消费品。以夫妻和两个小孩组成的家庭为主要的消费单元，人们追求购买私人住宅和一辆家庭用车。知名汽车丰田皇冠就是在1955年发售的，那一年也被称为日本的私家车元年。**日本第二消费社会是批量生产、大量消费的时代，人们追求大就是好、多就是好**。更多的人享受到消费带来的红利，也让消费真正进入工业化批量生产的时代。

1978年改革开放后，中国的市场经济得到飞速发展，中国进入第二消费社会。中国第二消费社会的主力军是新中国成立后大量出生的60后和70后。他们的消费以追求生活必需品为主，不刻意追求产品的个性和设计。这个阶段也出现了类似日本的"大就是好，多就是好"的消费现象。例如，70年代的老三样，手表、自行车、缝纫机；80年代的老三样，冰箱、彩电、洗衣机；90年代的空调、电脑、VCD等家庭消费用品得以快速发展。在这个时期，伴随着人们消费能力的极大提升，美的、海尔和格力等一大批优秀的家电企业迅速崛起。

3. 第三消费社会

关键词：经济低速增长、人口小幅增加、个人消费、差异化和个性化、个人用品。

日本的第三消费社会是从1975年到2004年，**是以个人倾向为核心的消费**，人们开始追求个性化和差异化的消费品。在这一阶段，人口由大量增加转为小幅增加，出生率进一步下降至1.3%左右，老龄化比例从6%增加到近20%。在经历了石油危机后，日本经济进入低增长阶段。这时，日本社会的贫富差距开始拉大，消费开始分级，奢侈品和高性价比品牌均得到快速发展。国民的消费倾向从家庭消费转为个人消费。人们购买的产品也从家庭用品转为个人用品，剃须刀、手表、个人随身听等产品开始流行。值得一提的是，处于不同消费社会的人群对同一个品类的产品也有着不同的需求。举个例子，在第二消费社会中，人们购买手表的决策因素主要是功能；而在第三消费社会中，人们更看重品牌和设计，更关注个性化、多样化和差异化需求。很多人甚至会购买多块手表用于不同场景。比如，运动手表在健身场景中使用，时尚手表在休闲时间佩戴，配饰手表在商务场合佩戴。个人的情感也开始体现在消费行为上，**整个社会经历了从消费向"创费"的过渡，人们开始为自己想创造的生活方式而消费。**

中国当前处于第三消费社会。2008年中国成功举办第29届夏季奥运会，之后经济高速发展，移动互联网生态开始逐步领先全球。随着GDP高速增长、移动支付快速普及和新中产崛起，中国也逐步转变为消费大国。从2012年开始，消费取代投资成为经济增长的新引擎。改革开放后出生的80后和90后是第三消费社会的核心力量。这代人从小生活在物质相对充足的环境，生活压力较60后和70后来说也小很多。他们从小接受爱国教育，养成了巨大的民族自信并开始崇尚国货品牌。他们也是促进这波新消费热潮的核心力量。

4. 第四消费社会

关键词：经济不景气、人口减少、共享化、朴素化、无品牌倾向。

从 2005 年开始，整个日本进入了第四消费社会，经济停滞、人口减少和老龄化进一步加剧。国民的消费转为更偏社会性质的消费，整个社会从**创费向共费**过渡。人们倾向于共享、环保节能和利他的社会意识。很多消费者开始以朴素化、休闲化的消费观为主。在经历了 1995 年的大地震后，很多日本人重新审视了人和物品的本质关系。整个社会出现了一人多用、重复循环利用的商品，较为典型的是既省钱又节能的合租公寓。在合租公寓里，浴室和厨房可以共用，家务还可以和舍友分担。人们的生活开始追求极简，甚至放弃空调用竹帘洒水降温，远离物质的繁荣来亲近自然。在第四消费社会中，断、舍、离的理念慢慢兴起。**断是人们不买不需要的东西，舍是处理掉堆放在家里没用的东西，离是舍弃对物质的迷恋，让自己处于宽敞舒适、自由自在的空间。**

第四消费社会的部分特征在中国也有所体现。例如，消费者的环保意识越来越强，可回收、可降解材料被更多的品牌使用，营销上也越发凸显环保理念。可循环品牌多抓鱼在上海安福路的门店，就以售卖二手服饰和图书为主，吸引了很多年轻人去打卡消费。由此可见，新一代年轻人对环保的高认同度。**在这一阶段，环保、共享、节能等意识兴起，品牌要做的不仅仅是向消费者标榜实现与众不同的自我，还要追求更加高级的价值观，更好地生活。**

1.2　消费趋势的启示

越接近消费的本质，我们就越会明白消费不仅是物质的吃光、用光，还有成就和完成的意义。四个消费社会的演进就像马斯洛的需要层次理论㈠（见图1-1）。第一消费社会是物质稀缺的时代，人们买的是有胜于无的"生存生活必需品"，解决的是生理层面的需要。第二消费社会的特点是大量获取和追求功能的购物理念，人们买的是"参与社会生活所需的必要商品"（电视机、汽车等），这是基于安全和归属的需要。第三消费社会的特点是追求差异化和自我标榜，人们买的是"差异化和表现自我的商品"（流行品、知名名牌），更多的是基于尊重的社交需要。第四消费社会探求消费的本质和意义，买的是"自我启蒙、充实内心的商品"（共享产品、艺术等），是一种对自我实现的需要。

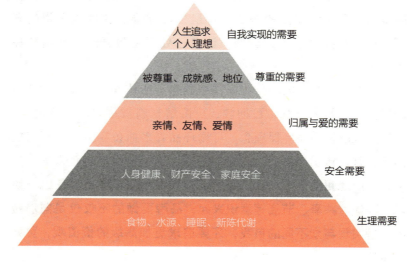

图1-1 马斯洛需要层次理论

㈠ 马斯洛需要层次理论讲的是随着社会的发展，人的需要会从生理需要、安全需要、归属和爱的需要到尊重的需要，逐步升高到自我实现的需要。

有关四个阶段演进的整体分析，对品牌定位和产品创新具有指导意义。我国当下主要处于第三消费社会，我们需要格外重视当前对比第二消费社会的新特征以及第四消费社会的可能性。

1. 从第二消费社会到第三消费社会，中国出现了五个特征

（1）从家庭消费到个人消费，即从多人一台设备到一人一台设备。 属于个人设备的手机、耳机和个护电器等产品得到快速发展。

（2）从物质到服务。 消费者越来越追求良好的体验和便捷的服务。零售业态的重心从百货商场、超市转移到大型购物中心、便利店和电商。人们在外就餐选择餐厅从 10 人大桌的聚餐模式变成 2~4 人小聚的品质和环境更好的休闲模式，从本质上讲，这是人们从物质的消费到更重视服务的消费。消费者开始喜欢在家里便捷地吃到媲美餐厅级的美味，2020 年开始可以快速加工的半成品预制菜开始兴起。这与日本市场在 20 世纪八九十年代出现的"中食⊖崛起"现象十分类似。

（3）从量到质，即从批量生产的基本产品到高档产品、名牌产品和健康产品。 消费者不再只追求量多，转而追求品质和健康，因此也更加看重品牌。蛋白棒、果蔬压片糖果等功能性零食的热卖就体现了更为精细的养生健康类消费诉求。美妆用户开始

⊖ 日本的饮食习惯分为内食、中食、外食。所谓内食，是指超市传统的生鲜四品——菜、果、肉、鱼。中食则包括主食、熟食、加工食品、半加工食品等。外食实际上就是所谓的堂食。现在的趋势是，内食在减少，中食和外食在增加。

追求产品成分，市场上出现了"妆食同源"㊀的趋势。

（4）从一致性到差异化。消费者开始通过购买差异化、个性化的非必需产品来定义自己是谁。通过消费品凸显自身的个性化已成为常态，很多高端品牌和小众品牌甚至形成了个性鲜明的用户群体。

（5）从消费到创费。消费者通过消费创造自身想要的生活方式。品牌很难再强行定义和输出什么是美好生活，而是成为用户定义的美好生活的素材和搭配。

从这些消费趋势中，我们会发现第三消费社会追求的是精致考究的生活方式，消费者在购买产品时更加注重设计感、时尚感和荣耀感。这不仅是单纯的消费，而是从消费向"创费"的过渡，是为了创造自己向往的生活方式而消费。

人们追求品牌，追求差异化的自我标榜。人们通过消费定义自己是有品位的人。品牌在这一阶段要做的是帮助消费者展示他们的不同之处。用户不关心品牌有多好，而是关心他用了这个产品后他有多好，这也是新消费品牌和新营销构建的底层逻辑。在这种消费理念下，企业有两条品牌路径更容易成功：一种是在消费者的认知中构建高科技兼社交属性的品牌，如华为等，这类品牌会形成很强的品牌溢价和用户黏性。另外一种是以性价比构建用户认知的国民型品牌，如小米等。它们通过不错的品质感和设计感让不同收入阶层的人都觉得产品体验还不错。现在的新消费品牌往往走的是第二条路，把产品做得又好又实惠，由此实现对国外大牌的"平替"。极端地说，这是一个要么便宜要么贵的时

㊀ 号称能吃的化妆品，即化妆品的原料来自天然无污染的食品级原料，不含香精和矿物油等有害物质。

代，处于中间状态的品牌将很难获取用户的心智。

2. 第三消费社会向第四消费社会过渡，对未来新消费品牌的启示

（1）**从个人意识到社会意识，从利己主义消费到利他主义消费**。人们更重视消费背后的意义，通过消费建立和世界、他人的关系。

（2）**从私有主义到共享意识**。人们更加注重环保、节能和共享，而非单纯地通过消费满足私欲。

（3）**从追求名牌到追求简单、休闲**。人们不再单纯地通过购买高端奢侈品彰显个人身份，而是追求更简约、更符合自身理念的品牌。

（4）**从物质到服务的真正实现，对人更为重视**。消费回归到人的价值。

消费社会从注重国家和城市，到注重家庭，再到注重个人，又到了注重社会。**消费意识也从第一、二阶段的"消费"到第三阶段的"创费"进化到第四阶段的"共费"**。消费者的物质生活得到了极大的丰富，人们的兴趣不再是用物品填满自己的屋子。**人们不再盲目追求表面的与众不同**，转而追求人与物更合理的关系。这一阶段，品牌要做的不是向消费者鼓吹实现与众不同的自我，而是追求更加高级的价值观来引导人们如何更好地生活。无印良品就是以文化价值观引领的品牌，它的品牌理念背后是对名牌商品的一种反抗，持续向消费者提供创造具有个性生活方式的素材，并追求实用价值剔除了企业所强加的无用价值。无印良品排斥过度的设计和包装，不追求对性能和装饰的不断补充，崇尚"这样就好"的减法美学。**无印良品的设计哲学是一种社会设计哲学，它的对象不仅仅是物品，更是人与物之间的关系**。它帮助

人找到和物最恰当的关系,不是多就好,而是和谐才好。它的商品追求"用之美",即因实用而美的商品。

3. 关注中国消费趋势中的独特性

中国的消费也有其独特性,如小区的概念。小区是中国特有的居住形态,人们都希望居住的小区是封闭的,它同时也是中国人的心理围栏。家长常常会对自己的孩子说:"自己玩可以,但是不要出小区。"这点就完全不同于日本的居住特点。因此,围绕社区的业态有着巨大的机会。不卖隔夜肉的钱大妈门店数量已经突破2000家;主打火锅和烧烤食材的社区零售超市锅圈食汇4年时间开店近万家。它们都是找到新的"流量洼地"并快速崛起的品牌。随着中国经济的发展,国内的消费市场结构会从生存型消费转为发展型消费,由物质型消费转向体验+服务型消费,由传统消费转向新兴消费。

最终,消费的去向是越来越多的人希望通过消费建立互动性更强的人与人的关系。人们通过物质欲望带来的满足一旦轻而易举地得以实现,在实现的一瞬间,满足感就会立刻消失。随着欲望的满足,人感到的快乐也会递减,到最后反而会成为一种痛苦。这点在现在的生活里已经有所体现。过去,人们购物追求的是到家拆箱的快感,所以商家送货慢常常会被投诉;如今,很多人家里堆着一堆到了很久也不拆的物流箱。这说明消费者已经无法通过开箱获得购物的快感,快感已经前置到下单的那一刹那。

未来,人们更需要追求消费的意义,要追求有收获的、能恢复元气的、让自己过得充实的"消费"。就像马克思所说的,消费并不完全都是劳动力的再生产过程,真正的消费就是一种人性的恢复过程。

1.3 趋势变量：宏观环境影响消费

除了建立消费趋势的系统框架，品牌还要关注影响消费的新变量。消费是与政治、经济、文化等因素息息相关的。在中国经济高速发展的时代，品牌尤其要关注政策导向对消费的影响。**政策导向会对人们在未来消费的预期产生巨大影响，而预期的好坏决定了消费未来的趋势。只有对未来美好生活心怀巨大的憧憬，人们才会快乐消费。**

2021年中国政府对房地产、互联网和教育等领域开展了一系列整改措施，这些政策的背后意味着宏观方向的调整。过往几十年，中国发展经济主要依靠房地产、金融业、互联网和服务业的发展带动。近几年，世界贸易格局已然发生变化，中国关键领域的硬科技被卡脖子等，我们不难从中发现只有强科技和强制造，大力发展新国货并鼓励消费拉动经济增长，从过去的依赖虚拟经济到更加侧重实体经济发展，才是百年未有之大变局下的强国之路，也是未来30年的发展主旋律。

第七次人口普查的数据显示，中国新生儿数量持续下降且人口老龄化加剧。2021年中国出生人口为1062万，死亡人口为1014万，两个数字已经接近持平。中国出生人口从2016年的1786万一路下降到2021年的1062万，未来很可能出现人口负增长。解决人口问题的关键就是提高生育友好度，这也是对房地产、教育进行改革的主要原因。毕竟房价、教育支出、医疗支出是年轻人生二胎和三胎的新三座大山。同时，如何提升老百姓的美好生活也成了消费品牌的新使命，毕竟只有生活美好才能提升生育友好度。未来，人们不再需要同质化严重和低品质的产品，这样的产品泛滥对于制造业和人们生活水平的提高毫无益处，人们需要的是更健康、更舒适、更智能的新型消费产品。

任何一个国家品牌的崛起和全球化，都是伴随着本国制造业的绝对领先、新中产的崛起和国力的快速增强而成长起来的。20世纪七八十年代的美国如此，20世界90年代的日本亦如此。今天，这些基础条件在中国都已经成熟，新国货品牌的崛起是个巨大的浪潮已初见端倪，这波浪潮也给了当下这代人巨大的机会。对品牌而言，未来10年中国一定会崛起一大批优秀的国际消费品巨头。

Chapter Two

第2章

用户洞察："视人为人"，洞察用户需求

索尼曾经为一款即将上市的游戏机做用户调研，希望借助调研结果确认游戏机最终上市的颜色方案（有黄色和黑色等可选项）。大多数被访者在被问及该问题时都选择了黄色，理由是黄色鲜艳好看且辨识度高。访谈结束时，索尼公司将黄色游戏机和黑色游戏机作为伴手礼用来答谢被访者，结果却发现绝大部分被访者都选择拿走了黑色游戏机。由此可见，语言是会"骗人的"，而行为才是诚实的。

介绍用户调研方法论的图书非常多，如果只做用户调研，将调研结果直接用于产品方案和营销宣发，而没有深度的洞察分析，那么很难真正理解调研数据背后隐藏的真实需求。换言之，一个大家都知道的事情不能算作洞察到价值，洞察的本质就是看到别人没有看到的隐藏事实。而隐藏的真实需求是很难直接体现在用户调研结果中的。亨利·福特说过："如果我最初问消费者他们想要什么，他们会告诉我要一匹更快的马车！"而从马车到汽车的过程就是品牌洞察用户需求、发现"隐藏事实"，再结合技术和设计，做出创新的解决方案去满足用户潜在需求的过程。

这类例子还有很多。比如在洞察用户需求来确定产品的宣发卖点时，OPPO洞察了用户对手机充电速度慢的痛点，尤其是在手机电量低又着急出门的场景上这一痛点非常强烈，最后OPPO

提炼了"充电5分钟、通话两小时"这句广告语并创造了营销神话。又如，Babycare针对妈妈关心的孩子牙齿的问题推出了三段式奶瓶，让奶瓶像奶粉一样分阶段：为0~6个月的孩子提供既轻盈又柔软的仿真母乳的奶嘴；为6~10个月长牙期的孩子提供可以预防龋牙的一字形鸭嘴；为12~36个月处于戒奶期的孩子提供一个柔软的吸管，以便锻炼孩子的咬合能力，同时减少牙齿和奶粉的接触以降低蛀牙风险。三段式的奶瓶解决方案也在母婴领域取得了不错的销售成绩。

企业在进行用户洞察时要能洞察到用户的认知、情感和行为，这样才能有助于提升产品的场景化解决方案和营销推广策划。**品牌对用户的洞察应该以人类学的方法深入目标人群的成长环境和历史事件去了解他们的成长经历，再与不同类型和年龄的人群进行深入沟通和访谈，最后将基于定性的个体调研和基于定量的大数据交叉分析来理解用户需求。**企业在调研过程中要始终以动态的眼光来看目标人群的意识形态发展，如此才能洞察目标人群的消费倾向和特征，才能更好地理解当下的消费现象。本章会先介绍"视人为人"的洞察底层逻辑，然后通过Z世代和银发人群的分析探索用户洞察的方法论，最后介绍用户洞察的变量和机会。

2.1 视人为人

一切商业的核心是从人的需求出发。很多品牌都宣传自己以用户为中心，实际上却把用户当成"韭菜"，内部往往以收割用户的逻辑进行讨论。"视人为人"这四个字说起来很容易，做起来却很难。当把用户看成流量的时候，企业会聚焦当下的流量转化和基于消费心理学的"营销套路",会更关注短期的投资回报率(Return on Investment,ROI)。你可以简单设想一下以下两个企业每天的内部运作机制有什么不同。

公司甲:今天品牌旗舰店流量多少?ROI做到了多少?

产品测款的数据怎么样?把不好卖的砍单。

私域流量今天涨粉多少?把微信号的头像调整一下,增加通过率。

公司乙:要上架的新品做了多少用户深度交流和访谈?

张女士和李小姐的年龄和职业差距有点大,反馈有什么不同?她们会把产品推荐给朋友吗?产品一定要做到都满意再上线。

关于今天电商的3条差评,与用户沟通反馈了吗?

一家企业若只把时间放在搞数据、谈流量和测投放上是件很可悲的事。流量的背后都是活生生的人,品牌要做的也是为人服务,解决人的需求。要想做好消费产品,首先要暂时放下流量思维。

很多品牌误把电商平台的数据当成了全部,而这些数据大概只占消费整体数据的20%,远远不能代表品牌和品类的真实状态。电商数据也不一定代表用户的真实需求,因为数据里有促销的刺激、有直播和刷单的冲量,这些都会给"真实需求"蒙上一层面纱。而且,用户的很多需求就连他们自己也不会表达,需要品牌去挖掘并引导。这些需求是品牌在一次次的用户交流、反馈、迭代中逐步解决和满足的,这也是商业的起点。**做消费是做人的价值,而不是进行有关流量的算术。销售数据的提升不代表品牌在用户心智认知上的提升,因为销售规模是个"虚荣指标",**

它背后的"北极星指标"是用户复购和转推荐。

品牌要增强用户黏性,首先要"视人为人",不仅对用户还包括对自己的员工。那些真正以用户为中心的企业,即便是基层的零售店店员也会以用户为中心去服务客户。如果企业把人力当成"人力资源"去强考核和强施压,那么员工就很难真正和用户打成一片。考核的机制决定了人性的行为,这也是为什么目前只有苹果、小米和蔚来等屈指可数的品牌做到了有粉丝黏性。小米之家在成立之初的两三年里,门店是没有销售考核指标的,唯一的考核指标是用户净推荐值(Net Promoter Score,NPS)[一],以此作为"北极星指标"来衡量用户满意度和转推荐的意愿。做好了各类服务工作,销售额会自然而然地增长。小米之家成立仅1年就做到了年坪效[二]24万元。这个指标在零售行业仅次于苹果公司,排名世界第二。雷军那句名言"因为米粉所以小米,永远做米粉心中最酷的公司"也被奉为粉丝运营的经典。

商业的一切行为是以人为出发点的,不同的人会有不同的需求,一个人在不同的场景里也会有不同的需求。以日常买菜为例,每个人对买菜的需求是不同的。有人追求价格优惠,会倾向于去菜市场现场比价购买或使用社区团购;有人需要货物齐全,会首选超市;有人喜欢方便快捷能送货上门,喜欢使用生鲜电商。同一个人在不同的场景下的需求也是不一样的。有时候既不

[一] 净推荐值又称净促进者得分,也称口碑,是一种计量某个客户将会向其他人推荐某个企业或服务的可能性的指数。它是最流行的顾客忠诚度分析指标,专注于顾客口碑如何影响企业成长。通过密切跟踪净推荐值,企业可以让自己更加成功。

[二] 坪效,经常用来计算商场经营效益的指标,指的是每坪(1 坪 = 3.3 平方米)可以产出多少营业额(营业额/门店的总面积)。

想太麻烦又想吃饭店的味道，就会买一些快捷方便的预制菜；有时候比较着急，点个外卖来节省时间；有时候想享受服务和环境，就会精心选择一家餐厅小聚。

做好用户洞察的核心是了解目标用户。品牌的建立也是从原点目标人群开始的。了解一类人群的最好方法就是了解他们的成长环境，因为成长进程中经历的大事件会塑造集体记忆。**信息媒介、社会事件、成长周期是我们了解一类人的三个重要维度**。互联网作为**信息媒介**高速发展，极大地提升了信息获取的效率，消费者认知和行为方式也随之产生了巨大的变化，像 Z 世代的电商购物普及率就远超其他世代。一些极为重大的**社会事件**的发生，也会影响人们的价值观和消费倾向，比如国货崛起的背后就是 Z 世代的文化自信。**成长周期**对应着人们不同的消费偏好。一个人在幼年、少年、青年和成年的不同阶段对自我、他人和社会的认知乃至其具体的消费行为会有所不同。一般来说，一个人进入青春期心智相对不成熟，开始喜欢尝试一些新鲜的消费，会对服饰、科技产品等需求较高。随着年龄的增长逐步偏向家居、健身、母婴类产品，到老年以后对服饰的需求下降，对健康保健食品的需求开始增加。

如果品牌已经积累了一批用户，可以通过上述三个维度对自己的用户进行洞察。如果品牌还在初期摸索目标用户人群的阶段，笔者建议关注当前消费领域潜力较大的人群：Z 世代、新中产、小镇青年和银发人群。其中，Z 世代人群和新中产人群是目前大部分新消费品牌重点关注的人群。小镇青年则是潜在主力人群，他们的互联网在线时长甚至超过了一线城市人群，快捷方便的上网使得他们已经与一线城市人群没有信息差；加上房贷、育儿压力比一线城市人群要小，他们的可支配收入并不一定低于一线城市人群，同样具备很大的消费潜力。银发人群目前是被品牌忽视的蓝海市场，一是品牌担心老化，都想做年轻人的市场，二是大家觉得老年人群消费水平低，难以引领潮流。如果仔细分析我们在第一章中提到的人口这个慢变量就会发现，70后已经快进入退休的年龄，他们的中老年生活一定与50后和60后大不一样，会有更旺盛的消费力。

接下来我们以"一老一小"举例：以Z世代的消费主力人群和银发潜力消费人群的成长环境和消费特征，来探索用户洞察的思路、方法和启示。

2.2 消费新势力：从成长周期了解Z世代

Z世代是一个网络流行语，也指新时代人群。按照15年为一个世代周期，1950—1964年出生的人口称为建国一代，1965—2010年出生的人口分为X世代（1965—1979年出生）、Y世代（1980—1994年出生）和Z世代（1995—2009年出生）。如果说Y世代是伴随着游戏机、电脑和互联网成长起来的一代人，那么Z世代就是伴随着移动互联网、手游和动漫成长起来的一代人。目前，中国的Z世代人数约有2.6亿人，占总人口的19%左右。

接下来，我们通过信息媒介、社会事件和成长周期了解Z世代（见图2-1）。

品牌要想了解Z世代的世界，就要深入其中而不是只看表相。尝试梳理他们的成长历程和经历的重大事件，对于理解Z世代有很大帮助。

成长周期	0~3岁 婴儿期	4~6岁 幼儿期	6~12岁 儿童期	13~15岁 青春期	16~18岁 步入成年	18~22岁 成年人	23~26岁 步入社会
	1995年	1998年 2001年	2007年	2010年	2013年	2017年	2021年 2022年 ……
成长周期	• 无意识吸收 • 语言学习 • 人格初步形成	• 有意识吸收 • 形成完整记忆 • 性格初步形成 • 第一个逆反期	• 分析能力增强 • 形成对情认知 • 性格稳步成长	• 身体快速发育 • 第二性征凸显 • 自我意识增强 • 第二个逆反期	• 身体快速发育 • 学习能力加强 • 注重社交和关注异性 • 与父母出现代沟	• 独立思考、性格稳定 • 出现异性社交 • 开设独立银行账号 • 注重自身形象	• 独立面对社会 • 开始与异性交往 • 情商、逆商增强 • 消费能力旺盛
信息媒介	• 门户网站发展 • 拨号上网商用	• 腾讯QQ诞生 • 百度搜索诞生 • 家用电脑出现	• 博客、起点网上线 • 淘宝电商诞生 • 贴吧、QQ盛行 • 优酷、土豆流行 • 笔记本电脑普及 • 苹果一代手机发布	• 微博、开心网盛行 • 360、搜狗普及 • 手机上网提升 • 美团诞生	• 小米手机发布 • 微信诞生 • 滴滴打车上线， O2O出现 • 智能手机普及 • 4G牌照发放 • 小红书诞生 • 手机网民超过计算机网民	• 抖音诞生 • 微信支付普及	• 5G牌照发放 • 抖音、快手爆发式发展 • 微信/小程序普及 • 全民移动上网及支付
社会事件	• 香港回归 • 亚洲金融危机	• 澳门回归 • 中国驻南斯拉夫 大使馆被炸 • 中国加入世贸组织 • 申办奥运会成功 • 实施西部大开发	• 首次载人航天发射 成功 • "非典"疫情爆发 • 三峡大坝建成 • 超级女声大火	• 举办北京奥运会 • 汶川地震 • 三聚氰胺奶粉事件 • 新中国成立60周年 • 举办上海世博会 • 谷歌退出中国	• 莫言获得诺贝尔 文学奖 • 《舌尖上的中国》 大火	• 召开互联网大会 • 大众创业、万众创新 • 全面开放二孩政策	• 中美贸易摩擦 • 华为芯片被断供 • 新疆棉事件 • 新冠肺炎疫情暴发 • 反垄断、共同富裕

图2-1 Z世代成长历程

1. Z世代的成长背景

以1995年出生的Z世代为例。

（1）互联网原住民：在6岁形成完整记忆时，家里就可以用电脑上网；在12岁时移动互联网开始普及；他们习惯用社交媒体来沟通和获取信息，也习惯在电商平台上购物。

（2）民族文化自信：6岁形成记忆时见证了祖国载人航天事业取得的巨大成就；13岁时候见证了北京奥运会成功举办并勇夺金牌榜第一；对国货的自信和偏爱进一步提升。

（3）"独二代"的天生孤独：父母大多是独生子女，Z世代也多为没有兄弟姐妹的"独二代"。这使得他们习惯用应用软件来社交。"云写作业"也是这代人独有的现象，其背后都是用互联网来解决对孤独的一种陪伴方式。

（4）没见过"钱"：Z世代对钱的理解和70后、80后完全不同，他们很少使用实物的钱包。Z世代不像60后和70后那样省吃俭用，也不像80后那样有房贷压力。他们从小就用好东西，也自然知道什么是好的产品。Z世代是天生主导消费的一代人。

2. Z世代的消费特征

基于这些背景，Z世代的群体拥有一些特有的消费特征。

第一个特征是互联网社交与疗愈经济。

如果今天一个人用社交软件聊天时先发一句："在吗"，那么这个人肯定就是Z世代人群眼里的"怪蜀黍㊀"了。Z世代是互联网原住民，他们不像前辈们一样需要"上网"这个词里"上"

㊀ 蜀黍为网络流行词，源自"叔叔"的谐音。

这个动作。他们一直在线、永远在线、活在网上，所以绝对不会问对方在不在。他们线下聚会可以各自玩手机很久不说话，也没有人会觉得不礼貌。大家反而认为这是一种非常自在舒服的状态，也不需要费心思去找一些话题来填补安静的时刻。甚至大家聚会的目的就是一起在线下打游戏。他们将社交媒体视为生命意义的重要组成部分，很多事情都要通过互联网和社交媒体去完成。当他们做一个蛋糕时，如果不在社交媒体上发布相关动态，那么做蛋糕这件事本身就失去了意义。人设被 Z 世代广泛接受，他们在不同的平台会展示不同侧面的自我。

如果说 60 后、70 后是千人一面，那么 80 后、90 后便是千人千面，到了 Z 世代就是一人千面。 他们白天可以是一个乖乖上学的学生，下课了就变成一个剧本杀达人或者角色扮演玩家。他们在用不同的社交媒体时会有不同的目的，甚至在一个平台还可能有多个"马甲"。比如，朋友圈是给长辈和同事看的，QQ 才是真正的交流工具，抖音展示的是精修过的自己，探探和 SOUL 来放置最真实的灵魂。伴随着 B 站等媒体的崛起，各类小众文化开始在网上流行。基于这样的社交特性，Z 世代中出现了一些圈层化的特征。每个圈层通过兴趣可以快速连接，同一圈层内的信息传播速度非常快，但是各个圈层之间也筑起了高高的壁垒，不同圈层之间的信息很难互通。所以，如何做好圈层化营销是新消费品牌必须掌握的技能之一。Z 世代在使用媒介时有显著的圈层化特征，热衷于在微博、超话、豆瓣或 QQ 兴趣组里交流共同话题，也会在 B 站的二次元、国风圈、娃圈去分享小众而深度的兴趣。

娃圈是典型的圈层小世界。它是由喜欢收藏和观赏娃娃的一个圈层人群构成的。每天在 B 站上，有超过 1000 个创作者分享自己的"养娃"心得。这些娃娃的售价动辄两三千元，而且娃娃的眼睛和头发等还要额外花钱打扮。"化妆"的费用也要千元以上，有时候一对自然逼真的娃娃专用眼球甚至可以卖到四五千元。这也让娃圈诞生了一种新的职业——改妆师，圈内知名改妆师的服务单价要 5 万元以上。娃圈有专属的"黑话"，比如："孕期"是指从玩家下单到接到娃娃的过程；"出生"是指把娃娃拿出来穿好衣服的过程；"嫁妆"就是购买娃娃的配饰赠品；身份证就是娃娃的售出证明，包括姓名、年龄、职业、家庭和社会关系等信息。

游戏会创造一个世界，娃娃也能创造了一个世界，而且是在实物上创造的梦想世界。主人可以和它沟通，也可以改变它的姿势和服装，还可以给它编剧情，这已经是一个高度可控、可触摸的精致艺术品了。对养娃的人来讲，除了陪伴它，还有更深层的意义，也就是在这个网红脸、A4 腰垄断美丽解释权的时代，他们可以通过氪金⊖打扮，买到一份自己无法拥有的完美，这也是一种对缺失情感的投射。

Z 世代的孤独感来自深度关系的缺乏，沟通链接的深度不够会让内心的孤独始终存在。面对信息越来越粉尘化的社会，这份孤独对一个品牌来讲是一种契机。品牌可以为消费者之间创造深度的对话机制和情感链接，帮助他们建立深度的亲密关系。

第二个特征是精明与精致、理性与感性并存。

Z 世代人群是成分科学家，对产品品质化和精致化的要求非常高。以"美"这个行业来说，从美妆护肤延伸到美容美体、美

⊖ 氪金，原为"课金"，指支付费用，特指在网络游戏中的充值行为。

容保健品、美瞳和医疗美容等各个品类，形成了一个全新的美颜市场。氨基酸、玻尿酸和烟酰胺等都属于成分党们认知的第一梯队。微电流、射频和电脉冲技术等科技抗老仪器也大受追捧。Z世代既追求生活品质的提升，又非常理性地只愿意把钱花在自己认为值得的地方。我们经常会看到，他们穿着200元一身的衣服却搭配2000元一双的鞋；在用香奈儿粉底液打完底妆后，用9.9元的眉笔来画眉。此外，"妆食同源"的趋势也让热门护肤的成分不断地被内服化。比如喝玻尿酸进行补水；吃烟酰胺、葡萄籽、维生素来美白；吃胶原蛋白和花青素来抗老。2021年"男色经济"又成为新的竞争领域，Z世代的男性越来越注重自身保养。他们对自己的护理非常精细甚至用起了彩妆，很多品牌专门针对男性推出了一些新的专业品牌并取得快速增长。

除了关注成分的精细生活，Z世代还有货比三十家的精明。他们看成分、看配料表、看评测、看参数，也会看一些网上的评论。用户的差评会非常影响他们的购买决策，好评不断则会增加购买产品的可信力。明星和关键意见领袖（Key Opinion Leader，KOL）在用的产品和身边朋友推荐的产品，都会成为他们购物决策中重要的参考项。传统的市场营销手段，如做广告和打折促销慢慢对他们失去了作用。**和Z世代打交道必须进入他们的世界，用他们的话语体系、在他们的地方真实地展示产品信息**。他们是很小就拥有财务自主权，只愿意尝试做自己感兴趣的事的一代人。他们在选择品牌时有自己独到的见解，而且对感兴趣的领域研究得非常专业。未来品牌很难再自卖自夸地教育用户，更多的是和用户一起成长、共创品牌。

第三个特征是个性化表达和多元化审美。

Z世代偏好小众的前沿文化，建立了复杂多元的文化体系。

比如，二次元、电竞、萌宠和潮玩等亚文化逐渐被他们喜欢和接受。他们希望通过这些亚文化去传达个性，实现自我表达。他们渴望与众不同，坚持自己的审美偏好不被大众左右。比如，流行的无性别化服饰的审美背后，也是一种男女平等的态度表达。女生常常穿起超大号（oversize）的男士夹克，男士也可能会穿花朵刺绣的粉红色外套。酷女孩和精致男孩成为新的穿搭风潮，而且每个T恤上写个口号是必需的，这也是对个性和态度的一种表达。

Z世代是从小接受审美教育的一代人，所以产品的颜值对他们来说不再是一个加分项，而是标配。由于Z世代追求个性化表达，从而演变出审美的多元化。

还是以美妆领域为例：在美发领域，棕色是染发色盘上的基本色，而蓝色、灰色、粉色和紫色等多元色彩也开始被更多的人喜爱，"甜酷风"等非主流色彩纷纷被选择。眼线中红色等主流色系的占比正在缩小，紫色、白色等"辣妹风"的眼线登上梳妆台。这些不同风格的背后体现了大家的审美不再是单一的"黑长直"类型，而是多变的、复合的和个性化的多元审美。

第四个特征是尝试新鲜，注重健康。

Z世代非常喜欢并沉浸于新品类，如新兴的网红饮料和零食。在求变和求新的心理驱动下，他们对新品类的接纳度非常高，更愿意尝新的特质让他们成为新消费品牌的主力客群。这些产品对他们来讲，除了解渴饱腹，更重要的是一种情感类需求，是犒劳自己或消磨时间的解决方案，甚至是自我物质奖励的一种方式。

同样，对健康的追求也是Z世代的一种刚需，"三低"（低脂、低卡、低糖）的、天然有机的、健康养生的和有营养价值的产品越来越受欢迎。这背后传达了健康安全、天然环保的品牌也容易受到年轻人的追捧。高膳食纤维、益生菌和乳酸菌等成分已被普遍接受。短保质期、冻干技术也实现了健康产品的升级。主打短保质期的桃李面包、即食滋补的小仙炖燕窝和养生膳食等都受到年轻人的喜爱。三分练七分吃,科学的运动和代餐引领的饮食成为新风潮。

第五个特征是民族自豪感和国货偏好。

Z世代人群从小就目睹中国举办奥运会的风采,并产生了极强的民族自豪感。中国复兴的进程真实地发生在他们身边。国产航母下水,嫦娥五号开启中国首次月球天体采样返回之旅,这些都进一步强化了他们的民族自豪感。民族自豪感是天然内化的,这让他们不再盲目崇拜国外的品牌和产品,对本土的和民族的文化接纳度非常高,这也就给了新国货品牌一个天然的崛起土壤。2022年安踏集团在中国的总营业收入超过耐克,这就是国货品牌替代国外品牌的重要商业信号。**未来品牌应该顺应中国文化的新进程,积极探索新的文化元素。**尝试把传统的中国文化与现代设计相融合,转化为品牌的创造力。国潮不止于潮品牌,品牌需要对深厚的中国文化有敬畏感,在年轻化表达和诠释传统文化的碰撞中找到平衡点。

第六个特征是真实。

Z世代并不追求打造完美的人设,而是敢于自嘲和暴露缺点。这也是嘻哈音乐"做真实的自己"㊀和脱口秀"梗文化"受欢迎的原因。以做广告为例,目前B站的UP主㊁们统一将接广告称

㊀ 就是不做作、不虚伪,言行一致。

㊁ 即上传者,网络流利词,是指在视频网站、论坛、ftp站点上传视频、音频文件的人。

为"接商单",粉丝将这种商业行为称为"恰饭"。大部分的 UP 主在"恰饭"时都会以独特有趣的方式告知粉丝,而粉丝也会以弹幕的形式打上"猝不及防""让他恰饭"来呼应。整个沟通都是真诚和透明的。由此可见,年轻用户并不排斥广告,他们排斥的是生硬的广告。品牌必须做有趣、有料和真诚的优质内容,而用户也会乐于对这种创造力回报热情。

3. 品牌与 Z 世代的共处启示

对 Z 世代洞察现象的背后是品牌和消费者话语权的翻转。此前的品牌构建方式是作为理想生活的定义者去引领生活方式,给出美好生活的定义。但是对 Z 世代人群来讲,他们希望品牌是理想生活的参与者,为他们提供选项而非强制地灌输概念。具体的方法有两条。

(1)兴趣链接。兴趣是品牌与 Z 世代沟通的重要切入点。从兴趣出发,借助 KOL 创作者的转译呈现优质的内容是新时代下新的沟通方式。拿美食来说,Z 世代会被开箱、美食复刻和制作、视频网络日志评测等多种有创意的视频吸引,从而加深对产品和品牌的认知。与食品、宅家、一人食和户外等多元需求的场景相结合,可以为品牌宣传提供非常多的演绎空间。优秀的内容创作者是很好的转译者,所以品牌方一定要利用好关键的 KOL、网络红人和博主。在今天,意见领袖已经是 Z 世代认知品牌的关键触点。

(2)注重互动体验。品牌可以通过丰富的互动和平等的对话拉近自身与 Z 世代的距离。和年轻人互动意味着品牌必须告别围绕卖货而展开的促销活动。品牌要做到与年轻人真诚互动并加强体验感。新锐咖啡品牌三顿半的"返航计划"的互动性就非常好。它们鼓励用户把使用后的咖啡罐收集起来，拿旧罐子去线下咖啡店兑换奖品。回收的罐子可以循环使用做产品，让年轻人为环保事业贡献自己的力量，这就是基于情感共鸣的营销互动体验。

2.3 消费新蓝海：重新认识银发人群的消费潜力

国际上老年人的年龄标准普遍在 60 岁以上。根据第七次人口普查的数据，2020 年中国 65 岁以上的人口占比达 13.5%，接近中度老龄化社会水平。未来 30 年内，中国 60 岁以上的人口占比预计超过总人口的 1/3。

如前文所述，**人口是个慢变量，人口结构的改变对消费行业会产生巨大的影响**。目前大部分品牌对银发市场是拒绝的，它们更愿意把精力投入年轻人的市场。它们缺省认定银发群体缺少消费力，不愿意把钱花在品质生活上。但随着老龄化的加剧，品牌不得不关注这类人群。其实，银发人群大多有退休金且衣食无忧，是未来消费的潜力军。

第一批 70 后已经 50 多岁了，他们将在 10 年后步入老年。以鞋类为例，老年人最受欢迎的鞋类品牌是足力健，而目前 70 后主要的运动鞋品牌多为耐克、斯凯奇等。很难想象，未来的某个时刻这代人会立刻换下现在常穿的品牌，转头穿上足力健。其实所有品牌都面临老化的问题，即使是做老年人的品牌也不例外。如果足力健不能持续满足老龄化群体的消费升级和差异化需求，那么在未来也可能会被 70 后淘汰。而今天的耐克和斯凯奇等品牌，一旦忽视了老龄化群体潜藏的商业价值，就可能错失一个巨大的市场。

阿里巴巴发布的"银发族消费升级数据"显示：最近几年，银发人群在天猫商城上购置新衣服的花费达 1500 元以上，其中的搜索关键词主要是洋气、新款百搭和小白鞋等。女性银发族年平均购买化妆品的次数是 6 次，集中在抗衰老和除皱等产品。由此可见，新一代银发人群的消费力和理念被远远低估。这些数据虽然不能代表全部的市场，但也暗示了老年市场崛起的苗头。品牌也是时候重新认识新一代的银发人群了。

1. 银发人群的成长背景与消费特征

中国的老年人群涵盖的年龄范围较为广泛，由于成长周期不同，他们的消费行为和爱好无法一概而论，根据世代族群的分析，银发人群可以细分为以下三个代际[1]。

第一代人群是 1943—1950 年出生，即目前年龄在 70 岁以上的**革命见证者**，他们是集体中的一颗螺丝钉。

这代人出生于兄弟姐妹众多的大家庭，童年处于战争和物资极度匮乏的年代。他们在个性形成时期经历了中华人民共和国成立、抗美援朝和三年困难时期。很多人有吃不上饭的痛苦回忆，所以节俭成为刻在他们骨子里的"基因"。他们步入社会后有的人参军了，有的人则上山下乡[2]。他们整个青壮年时期的消费都是通过票证换取生活基本用品。他们的工作是包分配的，基本一个职业干一辈子。在中国强势崛起的新时代，他们正好到了退休

---

[1] 引自 WAVEMAKER《中国老龄化社会的潜藏价值》中对银发人群的分类。
[2] 1956 年中国政府组织大量城市"知识青年"离开城市，在农村定居和劳动的群众路线运动。

的年纪。

这代人的关键词是：**第一批上山下乡、一辈子在一个单位、吃苦耐劳、做好人做好事、做螺丝钉无私奉献**。革命见证者正值养老阶段。他们是谨慎花钱的一代人，也喜欢为下一代存钱。他们的消费以功能和基础需求为主。

第二代人群是 1951—1963 年出生，目前年龄在六七十岁的**百炼成金的建国一代**。他们是错失芳华但重启人生的一代人。

他们出生在三年自然灾害时期，个性形成时期便中断学业上山下乡或者入伍从军，青壮年时期赶上了改革开放。他们中在 25 岁左右结婚的人赶上了计划生育政策的出台及实施。大多数人在体制内工作，部分人因为企业改制下岗。他们经历了高考恢复，也经历了经济停滞带来的物质相对有限。缝纫机、手表、自行车和收音机四大件成为他们年轻时理解的中高级消费产品。在中国稳健繁荣的新时代，他们刚刚退休或者即将退休。他们喜欢一起跳广场舞，也喜爱抱团出游和拍团体照，因为这样可以更多地融入集体。这代人有考虑未来养老的问题，但尚未真正步入养老阶段。

这代人的关键词是：**青春和教育辗转颠簸的一代、从大锅饭到下岗潮、喜爱抱团、奋斗务实、讲究人情世故、活在当下、弥补遗憾**。他们懂得精打细算，会为真正喜欢或者需要的东西花钱。因为物质生活的相对匮乏导致他们有补偿性的消费心理，所以偶尔会通过大额消费弥补过往生活的遗憾。

第三代人群是 1964—1970 年出生，当下年龄在 55 岁左右的**改革开放新生儿**。他们是潜在银发人群，也是经济文化开放的受益人。

这代人的个性形成期在改革开放以后，他们享受了完善的教育及更多的发展机会。在步入社会时，他们受到了西方文化的影响，有一部分人选择传统的稳定职业，有一部分人经商或者加入外企。在青壮年时期赶上中国经济的加速成长期，他们开始自由恋爱并结婚，很多人都实现了自己买车买房。在中年开始时，他们赶上互联网经济腾飞，有了逛商场、旅游等丰富的业余活动。受到西方现代生活的影响，他们对美和时髦的追求更强烈。他们目前多数仍在工作，即将退休。

这代人的关键词：先富起来的一代，西方文化和生活方式流入，自主择业，自由恋爱，追求生活品质，舍得消费。目前他们积极拥抱消费，尚未考虑养老问题。他们讲求品质和体面，愿意为品质和乐趣消费。他们是未来银发市场的主力军，也是品牌需要争取的重要目标用户。

总结一下，第一代银发人群购买的是生活基本用品，以功能性的考量为主；第二代银发人群是理性消费但不保守，以补偿型消费为主；第三代潜在银发人群追求品质和乐趣，多消费购买非必需产品。

每个群体的价值观也在不同的社会环境中不断地被塑造和动态变化。银发人群过去所处的经济环境是从无到有的，现在则是从有到优的；过去所处的文化环境是一致的，现在是个体化和多元化的。同样，过去的教育环境是可遇而不可求的，现在是机会均等和选择多样化的；过去的经历打造了银发人群的"基本盘"，又在新时代碰撞出"新常态"，这些新常态迸发的新需求就是品牌进入银发市场的新增长机会。

2. 品牌与银发人群的共处启示

从经济的角度看，个人对物质的消费在出生后逐步增加，在中年达到顶峰，并在老年逐步减少。根据日本的调查结果，日本家庭的人均消费在 50～54 岁见顶。随着年龄的增长，消费支出呈上升趋势的产品品类主要有食品类、居住类、医疗保健类和娱乐类，逐步下降的产品品类主要是教育类、服装类、交通类和通信类等。随着老龄化加速，我们也基本可以推测出中国整体的消费结构也将发生较大变化。当然，随之也会带来一些新机会。

（1）伴随"第二人生"的新品类机遇。现代的银发人群不喜欢被贴上"老"的标签，退休并非退出人生舞台，而是登上新的舞台，着力打造和享受无限可能的"第二人生"。他们不认老、不服老，志在享受退休后有乐趣、有品质和有新鲜感的新生活。这让他们在消费上会迸发出很多新产品的需求，我们可以根据市场渗透率和自主决策购买比例这两个维度来拆解他们的消费（见图 2-2），重点关注核心品类升级需求，同时积极布局高需求品类和潜力品类。

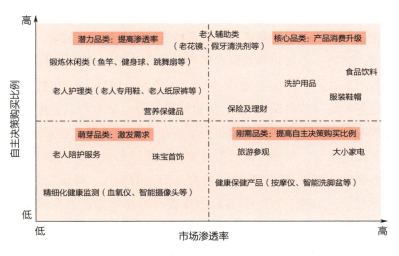

图 2-2　中国银发经济的潜力产品

首先应该关注的是核心品类，即市场渗透率高且自主决策购买比例也高的品类，如服装鞋帽和食品饮料等。这部分消费者对更健康的食品、更有功能性的服饰等有巨大的消费升级需求。

其次关注的是潜力品类，即以老人自主决策为主但目前市场渗透率比较低的产品，如各种营养保健品、便利生活产品（放大镜、老花镜、穿针器和假牙清洁剂等）和锻炼休闲产品（练功剑、跳舞扇、健身球和钓鱼用品等）。这些品类是银发市场中的新蓝海，未来的老人专业品牌很可能诞生在潜力品类中。

最后关注的是高需求品类，这类产品目前市场渗透率已经很高，但是老人自主决策购买比例低，多为子女购买，如电器类产品，像手机、颈部按摩仪等。品牌在营销方向上应更关注针对子女的传播。

（2）健康投资的新品类机遇。保持身体健康对银发人群来说是刚需，他们对健康领域的"投资"意识增强，更关注身心全面健康发展。营养保健品、舒适生活老年用品和文娱产品的支出逐步走高。大部分保健品是老人自己购买，如基础营养产品（如维生素、钙类、奶粉）和免疫预防产品（如蜂蜜、蜂胶、蛋白粉），年长的老人会更关注心血管养护（如鱼油、DHA）。同时，运动健身等装备（如舞蹈服等）、健康保健仪器（如泡脚盆、按摩仪、空气净化器、净水器等）也得到了广泛关注。很多潜在需求品类正在快速崛起，如警报警示类（如定时提醒药盒、防火防煤气警报器和定位跟踪类）、拐杖辅助类（如多脚拐杖、伸缩拐杖、折叠拐杖、转动椅子等）和高龄护理类（如坐便器、老人尿不湿、助听器等）等都有巨大的发展机会。

（3）新身份新认同下的圈层传播和媒介选择。银发人群的老年生活往往起始于退休。从工作圈回归到生活圈后，他们往往会找到"新的"角色和人际网络,并在其中找到自己的新角色和新身份。有人加入了各种兴趣组织,如舞蹈队、书画班、乐团等;有人成为照顾孩子的主力军,甚至要离开原来居住的城市和社区去往儿女的所在地共同生活。在新的生活阶段,他们渴望进入和适应新集体,喜欢寻求集体的归属感、融入感和被认同感。

当下的银发人群成长于集体为先的环境,认同"当集体和个人利益有冲突时,个人需要服从集体"的理念。基于此,他们会觉得有必要关注朋友推荐的公众号,如此才有共同的话题可以聊;大家都买的产品肯定也不错,朋友买的很多东西也会跟着买。根据腾讯研究院的相关数据,这代人的平均微信好友是131个,拥有微信群的数量也有8个之多。因此"圈层传播"也是针对银发群体营销的机会点。

关于媒介的选择,通常一二线城市的老人主要喜欢用生鲜电商、在线旅行,也会用股票、银行类的软件;三四线城市的老人更喜欢返利和优惠团购。在资讯和短视频上,大家普遍都喜欢军事、健康、奇闻轶事和美食烹饪等内容。

2.4 用户变量:新人群、新场景、新需求驱动增长

用户有三大变量,即新人群、新场景和新需求。

1. 新人群:找到高增长的新人群

每一代人步入新的年龄阶段后,他们的消费决策要素的权重会较上一代人发生较大变化。当市场上现有的供给方案与新需求存在缺口时,也就是新消费的机会所在。比如,买房装修是人生大事,但现在很多父母装修完的家居风格和家具摆设与子女的诉

求往往存在较大差异。又如一双简单的拖鞋，中年人认为在家穿着舒服就行，而Z世代不仅在家穿，出门甚至上班也会穿，需要的功能也不仅仅是舒服，还需要营造个性化的时尚感。

2. 新场景：找到被忽略的核心场景

消费者能感知到的并非一个个单一的功能点，而是场景。所以，品牌需要回归用户场景去做产品创新和内容表达。**脱离场景谈需求犹如无根之木**。品牌可以绘制一张用户全场景地图并周期性地更新。地图中应尝试采取多个不同的维度拆解场景及子场景，当把用户场景拆到很细的颗粒度，就会非常容易发现隐藏的诉求、产品切入点和宣发创意机会。

以食品行业举例，可以按照时间、功能、吃饭人数、吃饭地点等多个维度来拆解。

从时间维度划分，餐饮品类可以分为早餐、午餐、下午茶、晚餐、加班餐、聚餐、宵夜等。消费者在每个时间段的需求是不一样的。早餐用户更关注谷物类食品和代餐主食；午餐用户更倾向于低脂瘦肉，下午茶用户则需要低卡、低脂的零食以及能量棒、低糖类乳制品等食品。

从功能维度划分，餐饮品类又可以分为减肥、健康等场景。针对减肥场景，用户的核心诉求在于减肥、塑形和控制食欲，从而预防发胖。所以，在食物类型的选择上，消费者会优选谷物类和低糖类的饮料，或者低脂即食肉类加低卡低脂的零食，以及代餐类产品。品牌由此可以盘点出低脂、低卡、低热量、低糖和少油、高膳食纤维等特性是产品和营销的机会点。健康场景还可以再细分拆解出肠胃调理、延缓衰老、滋补、助眠等一系列子场景。在不同的子场景中，用户又有不一样的需求。比如，在肠胃调理这个方向上，益生菌、易消化、低糖等成分都是商业机会点。

吃饭人数、吃饭地点等其他维度也可以参考如上逻辑进行分解。值得注意的是，场景的创新不一定源于单一场景，也可能是复合场景。自加热品类就是基于"一人食+便捷"结合的复合场景创新的典型案例，通过多种自加热产品充分地满足用户在不同场景中的多样化需求。该品类中最初的超级单品自嗨火锅满足了一人在家快速吃火锅的需求。自热粥可以满足上班族早上多睡一会儿还能吃到暖心早餐的需求。各种食材的自热饭更是拓宽了整个品类，让加班餐、旅途餐和夜宵等多个场景有了更多的选择。

3. 新需求：找到用户心智的空白点

用户的空白心智点是永远存在的，对成熟品类来说也不例外。品牌可以通过用户洞察发掘用户心智的空白点，选取一个阐释其特性的关键词去填补这个空白，并从产品、研发、营销、销售和服务进行全方位的打造，就有机会开创一个新的细分品类，找到品牌独有的生态位。以汽车行业为例，提到高端商务的消费者，大家会立刻想到奔驰汽车的用户，提到驾驶乐趣的消费者，大家则会首先想到宝马汽车的用户。当年，沃尔沃则找到用户的另一个心智空白——安全。通过全方位地打造"安全"这个属性，沃尔沃成功地在用户心智中塑造了一个新特性，收获了自己的品牌用户。

品牌要想从用户心智空白找到市场切入点，必须深度了解用户，甚至要比用户更了解自己才可以。如果经过深入的洞察找到一个市场切入点，就不要轻易放弃。创新的诞生往往是孤独的和非共识的，有时别人都觉得是机会，反而要冷静下来想一想。用户心智的空白可能来自功能、场景、价位段等不同维度，接下来我们借助高度成熟的服装市场中的两个成功案例来解析打法。

在20世纪90年代崛起的安德玛发现，用户在穿棉制衣服运动后会被汗水浸湿导致体感上非常难受。针对这一痛点，安德玛推出了以涤纶和尼龙为主的可以快速排汗的运动紧身衣。这款紧身衣能在包裹肌肉的同时保持透气舒适，预防运动中肌肉的抖动，于是很快就受到运动达人的推崇。建立了产品口碑后，安德玛把产品线快速扩展到球鞋、运动包和运动耳机等领域。安德玛也是抓住了用户对运动产生的新需求，在耐克和阿迪达斯两大体育品牌占主导地位的市场中发展壮大起来。它在品牌价值主张维度也找到了空白。耐克的口号是充满正能量的"只管去做"（JUST DO IT），这句话把运动精神很好地诠释到了品牌理念中。耐克的广告宣传片基本都是展示体育明星获得冠军的荣耀时刻，凸显创造无限可能的价值主张。在这样强大的品牌理念下，安德玛配合产品的紧身特性及期望表达的品牌主张，喊出了"自律"（RULE YOURSELF）。广告片的内容是菲尔普斯在一个漆黑的、没有其他人的游泳馆里默默训练，宣传的是冠军在无数个孤独的日夜里，不断地严格要求自己，努力创造新成绩的精神。"自律"和"只管去做"表达了不同的品牌理念和价值主张，但同样具有鼓舞人心的力量。安德玛之所以能迅速崛起还有一个原因——组织心智的空白。当时耐克有七大事业部，七个事业部都没有认为运动紧身衣这个品类是在自己所负责的范围内，这也给安德玛一个快速壮大的机会。所以说，组织心智的空白也是机会。

知名瑜伽品牌露露乐蒙（Lululemon）也是发掘了用户的心智

空白快速崛起的。它的创始人发现人们在练瑜伽时可选的服装很少，基本是以舞蹈服为主。但当时的舞蹈服并不适合所有身材的女性，而且存在面料过于透薄、尺寸不合适等问题。基于这个用户的新需求，他决定打造完美的女性瑜伽服。此外，他还洞察出一个用户自己鲜少察觉到的需求——为健身额外准备一套衣服替换。如果有一件衣服在运动和上班时都可以穿，就可以很好地解决这一问题。所以，露露乐蒙决定做专业、时尚又兼顾运动的瑜伽服。当时在市场上，很少有人专门为女性开发运动服饰。露露乐蒙将科技融入瑜伽服，依靠专利面料和防臭等技术极大地提升了瑜伽服的穿着体验。品牌在设计色彩方面也进行了大量的研究和开发，使产品更加时尚。露露乐蒙的瑜伽裤是运动服饰里既具功能性又有时尚性的产品，也填补了一直以来运动服饰欠缺流行元素的市场空白。营销方面，露露乐蒙也不像其他运动品牌去请体育冠军和明星代言，而是请时尚用户去穿自己的产品，从而带动了新的运动时尚风潮。露露乐蒙不仅在功能、场景、价格维度找到了空白点，更是在价值观维度实现了突破。

Chapter Three

第3章

市场洞察：找到市场增长点

消费趋势洞察和用户洞察能帮助品牌形成趋势宽度和用户深度的洞察力，市场洞察则是对于原有市场发展趋势的机会判断，能帮助品牌抓住市场机会并获得增长。如何持续增长是每家企业都面临的问题，很多企业面对增长焦虑时常常会选择启动新品牌或者扩展新品类。如果没有清晰、准确的市场洞察，这样做不仅不会带来增长还可能带来新的损失。所以，对市场的洞察和理解就显得尤为重要。市场洞察包括市场大盘分析和预测、竞争洞察、技术新趋势洞察、渠道分析等模块。

3.1 市场选择五步法

笔者在此推荐一个市场选择的工具模型，共分为五步：第一步，进行充分的市场评估；第二步，根据评估认知市场竞争的格局；第三步，选择切入的时机和节奏；第四步，选择正确的切入"姿势"，即进入新市场的方法；第五步，进入市场后构建护城河，形成自身优势应对新竞争者入局。这样就完成了一个从市场增长点洞察到策略落地的闭环。

1. 市场评估：市场格局六要素分析

第一个要素是市场总体容量，通过了解目前市场的体量判断机会的大小。其中包括具体分析各个细分品类的销售占比、线上和线下渠道占比等。市场总体容量决定了所在品类的天花板。

第二个要素是市场增长率，也就是市场增长潜力有多大。如果是个位数增长甚至负增长，那么大概率是机会较少的成熟市场，一般都会有存量竞争的巨头存在。若市场增长率高达十几个点甚至 20 个点以上，就意味着它是一个高速增长的增量市场，存在更多切入的新机会。一般来说，在存量市场中，谁好谁大；在增量市场中，谁快谁大。

第三个要素是市场占有率，重点关注市场头部品牌的占有率。如果一个市场中有两三个巨头已经瓜分行业百分之七八十的市场份额，就说明这个市场已经非常成熟。对企业来讲，进入这类市场的风险会较高。如果是寡头品牌的市场占有率相对较低的分散市场，就说明对手还不够强大，通常是品牌进入该市场的好机会。

第四个因素是价格分布。每个价位段的销量分布是不同的，价格分布信息是判断消费者购买该品类主流价格的重要参考项，基于此可以判断产品定什么价格更好卖以及哪些价格带存在空档机会。

第五个要素是国内外对比。同一个品类在不同国家的体量和渗透率是不同的，结合与日本和美国等发达国家的市场环境对比，有助于品牌预判这个行业未来的市场发展潜力。比如，电动牙刷在欧洲的市场渗透率在 50% 以上，即 100 人中至少有 50 人使用电动牙刷。而在中国，电动牙刷的市场渗透率只有 5%，这说明市场预计会有 10 倍左右的成长空间。

第六个要素是友商背调。针对重点的竞争对手品牌要进行全面分析，包括其供应链能力、产品研发能力和销售渠道能力等。

通过洞察行业巨头的经营状况可以预测目标的市场瓶颈。市场如战场，只有做到知己知彼，才能百战不殆。

通过对这六个要素（见图3-1）的分析，品牌会对市场有一个综合的判断。

市场机会分析的六个维度

市场总体容量
不考虑产品品类和供应商变动情况下，市场在一定时期内能够吸纳某种产品或劳务的单位数目。

市场增长率
在一定时期内（通常为一年）归口数量自然增加数量与该周期内平均数量（或期中数量）之比。

市场占有率
某一品牌商品在市场上占该类商品总销售量的百分比。

价格分布
不同价位成交数量的分布统计，用来判断消费者对该产品的主流购买预算。

国内外对比
国内外相同品类、不同年代的数据对比，尤其是对日本、美国等发达国家数据进行的预言性分析。

友商背调
对于重点竞争对手的全面了解与分析，其中包括但不限于供应链资源、产品研发能力、销售渠道及市场策略等。

图3-1　评估市场潜力的六要素

2. 认清市场竞争格局

我们将前两个要素市场总体容量和市场增长率结合，可以将市场分为以下四类（见图3-2）。

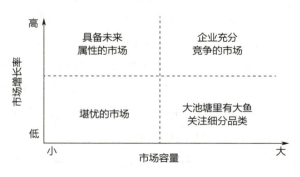

图3-2　目标市场分类与选择

第一类，市场容量小且市场增长率低的市场不适合做。

第二类，市场容量大且市场增长率高的一定是一个兵家必争的充分竞争的市场。

第三类，市场容量大且市场增长率相对较低的市场往往是一个非常大的成熟市场。比如，在碳酸饮料市场中，可口可乐和百事可乐几乎占到80%的份额；在茶饮市场里康师傅和统一也占到了近60%的份额。面对这类市场，品牌往往需要从细分市场中寻找切入点。

第四类，市场增长率高但是市场容量小的市场，未来很有可能有发展机会。针对这部分市场，企业最重要的是要做有**未来属性的产品**。电动牙刷就是一个非常明显的带有未来属性的产品，消费者一旦尝试用了它很难再用回传统牙刷。同样，智能马桶也是用户一旦用了就回不去的产品。这个市场是企业最容易忽视也是最有机会的增量市场。

我们结合第三个要素——市场占有率和第六个要素——友商背调能够看出，市场的竞争格局是属于寡头市场还是蚂蚁市场。

寡头市场的成熟度高，新品牌进入的难度相对更大，过往成功的案例基本以通常寡头忽略的且能解决用户极大痛点的空白细分市场为主要切入点，如前文中提到的安德玛和露露乐蒙。

蚂蚁市场是指没有太多寡头品牌的离散型市场。这类市场往往以工厂白牌和中小品牌为主，市场上的产品良莠不齐，创新力严重不足。其中，头部品牌的产品售价偏贵，大量中小品牌的产品则价格低廉且品质较差。小米的生态链产品进入了100多个行业，并且都取得了不错的业绩。其中，百试不爽的法门就是选择"蚂蚁市场"。

插线板是一个典型的蚂蚁市场。行业第一名公牛占行业30%左右的份额，第二名突破只占不到3%的市场份额，其他70%的市场被各种中小品牌瓜分。这种情况对新品牌的进入相对友好。当时市面上充斥着笨重且不好看的插线板，且因此用户使用时常常放在地上等角落里。小米进入之前就决定采用做手机的标准来做插线板，把插线板做成生活里的艺术品。此后，小米在移动电源、行李箱等多个蚂蚁市场持续取得成功，势如破竹地带动了100多个行业实现了产品升级。

内衣也是一个典型的蚂蚁市场。美国的内衣市场年销售额在800亿元左右，其中排名前五的品牌集中度占比在35%。日本内衣市场年销售额在300亿元左右，前五名集中度占比80%。而中国内衣市场是年销1600亿元的大市场，前五名品牌的集中度却不到10%。剩下的市场被数以万计的小厂家瓜分。这也是最近几年一下子有很多新品牌角逐内衣市场的原因。

3. 选择切入的时机和节奏

在选择了市场后，品牌应该选择什么样的时机切入市场呢？**乔布斯说过一句话，判断方向很容易，判断时机往往很难**。硅谷Idealab的创始人在跟踪调研了200多家创业企业后发现，决定创业公司成败的关键因素排名第一的是时机，其次才是团队、创意、商业模式和资金等要素。

如果企业在消费者对新产品的认知还未充分建立的时候过早地进入市场，就很容易遭遇失败；而过晚进入市场，先发优势就会被竞争对手占据，导致后期很难追赶。最佳的切入点是**爆品的前夕**。

基于对懒人经济的预判和对清洁这个高频且刚需的市场智能化趋势的笃定，小米决定切入扫地机器人市场。当时国外正好有 iRobot 等扫地机器人品牌崛起的势头，小米花了整整 27 个月进行基于激光传感导航（一种可以让机器人做路径规划的技术）的新技术研发，解决了市场上扫地机清扫路线混乱的痛点。2016 年下半年，小米的扫地机器人产品刚发布的时候并没有马上卖爆，但是上线半年京东的好评率一直是 100%。直到 2017—2018 年消费升级的风口来袭，这款产品一跃成为年销 10 亿元的大单品。**只有在产品上线初期验证了不靠营销可以实现自增长，才能在有外力助推的时候瞬间起飞**。现在很多新消费品牌的产品一上市就打折促销、分销裂变，这种没有充分验证产品力的野蛮打法是很难持续增长的。

杰弗里·摩尔（Geoffrey Moore）在《跨越鸿沟》一书中指出，一个新品类的产品从早期萌芽市场到主流成熟市场的发展过程中存在一个难以逾越的鸿沟。判断其能否成功的关键便是从早期的小众市场顺利跨越鸿沟并进入主流市场。新产品的原始用户往往是这个产品新特性的狂热者，之后逐渐会有早期使用者去体验，但从早期使用者到大众使用者中间的鸿沟则需要一个力量去跨越它。

平衡车最初在美国是一个军用产品，万元以上的售价令大多数消费者望而却步。九号机器人公司通过把握国内短途交通兴起的趋势，将平衡车产品的使用场景拓展到日常生活中。无论短途骑行的工作通勤、旅游景区里的快速游览，还是电影摄影师抓拍各种特技动作都可以方便地使用平衡车。此外，价格做到了大部分消费者可以接受的 1999 元。但真正让这个产品跨越鸿沟的力量是它拓展了新市场——儿童市场。每个在小区里骑着平衡车玩要的小朋友都成为其他同学羡慕的对象,这让产品自身产生了很强的链式传播反应。正是这种用户免费传播实现了产品的自增长,让这款小众的产品一跃成为年销售 10 亿元的大爆品。

产品上市后,品牌还要考虑产品的后续增长潜力。一个优秀的操盘手一定是既吃着碗里的,也惦记着锅里的,还要想着田里的。这样初期进入市场完成从 0 到 1 的突破后,才会有从 1 到 N 的持续性增长。

4. 选择正确的切入"姿势"

除了时机,品牌还要洞察定位。用户会对品牌形成既定印象,因此品牌的定位一旦确定就很难调整。通过纵轴低渗透率品类和高渗透率品类,以及横轴新锐品牌和经典品牌,我们可以将市场分为四类,对应不同的市场情况应采取不同的品牌策略(见图 3-3)。

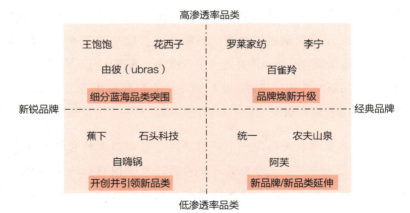

图 3-3　新锐/经典品牌、低渗透率/高渗透率品类的破圈增长路径⊖

⊖ 资料来源:亿邦动力研究院,《2021 中国新消费品牌发展洞察报告》,第 10 页。

第一象限是经典品牌的高渗透率品类。李宁、罗莱家纺和百雀羚等家喻户晓的经典品牌往往已经是自身所在产业的行业龙头，它们需要做的是激活新市场、让品牌形象不断焕新升级。比如，罗莱家纺通过推出超柔时尚的"囍"系列，很好地满足当代新婚人群对家纺产品的功能、时尚和文化的新需求，让品牌在家纺领域持续塑造中高端品牌形象。李宁通过巴黎时装周上模特身着"中国李宁"四个大字的复古时尚运动走秀，让品牌呈现了极强的国潮时尚感和价值感。

第四象限是经典品牌的低渗透率品类。农夫山泉做健康饮料、统一集团推出自热火锅新品牌，它们都通过新品类扩张或者推出一个面向新人群的新品牌来扩大用户基数。

这两种经典品牌持续增长的正确姿势是通过年轻化、时尚化和科技化凸显品牌新价值。

第三象限是新锐品牌的低渗透率品类。自嗨锅开创了整个自热火锅新品类，让品类几乎等于品牌。用户一想到买自热产品就想起自嗨锅，这就是用开创新品类并成为品类代表的方式赢得市场。类似的案例还有石头科技的扫地机和蕉下的防晒产品，它们都实现了把小众品类快速大众化并引领了整个市场。

第二象限是新锐品牌的高渗透率品类。主打烘焙麦片的王饱饱和主打国风美妆的花西子都是在成熟品类里找到细分增长市场的突破口。ubras内衣也是在内衣品类中找到无尺码内衣这个增量品类实现了快速崛起。红海市场中找蓝海市场的要诀是：大赛道和小切口。

这两种新锐品牌持续增长的正确姿势是差异化、细分化和微创新。王饱饱塑造了非膨化麦片的差异化卖点，区别于传统麦片加入淀粉、糖且高油高热，而是采用低温烘烤的0糖0卡的高膳食纤维。它从这个细分市场进入，定位健康食品，从而为重视健康的用户提供了很强的差异化价值。

5. 构建护城河

品牌应时刻思考如何构建护城河，构建应对竞争对手的核心竞争力。巴菲特总结的护城河有以下四个。

（1）无形资产，包括品牌和技术专利等资产。这是产品进入市场后形成护城河的重要壁垒。

（2）转换成本，即品牌有一定先发优势和形成用户黏性后，用户再转移使用其他产品遇到的阻力。比如，海天酱油攻占了大量的饭店渠道，而饭店的厨师极其追求菜品口味的稳定性，他们要转换用其他调味品的成本非常高。这样的渠道护城河就让新品牌短期内很难进入。

（3）网络效应，即通过关系链带动更多的人来使用，从而形成庞大的网络效应。比较常见的拥有这类优势的是社交类软件，如微信、QQ等。对于消费品牌，圈层化传播就属于网络效应，是一种非常高效的营销方式。因为信息和关系在同一圈层内的传播和连接是最快的。汉服、JK服和洛丽塔就通过二次元、B站、古风圈等圈层传播连接了更多的亚文化人群，在一定程度上形成网络效应。

（4）成本优势。新品牌进入市场后要追求通过单品的规模效应形成供应链端的优势，这也是应对其他品牌抄袭的有力武器。新锐内衣品牌ubras的一个无尺码内衣单品可以年销近千万件；而传统内衣尺码多，库存备货分散，单个型号的销量都不超过百万件。ubras的单品大量模式让其产品成本大幅下降，使得自身竞争优势得以凸显。

回顾一下，市场洞察要能回答以下五个问题，这也是对上述五个步骤的回应：

你到底决定做什么？（what）——市场评估

为什么做这个市场成功率高？（why）——市场选择

为什么现在是进入市场的好时机？（why now）——节奏

如何把这件事做好？（how）——切入姿势

为什么是你能把这件事做好？（why us）——护城河

3.2 市场变量：地缘套利和大牌平替

消费趋势的变量以政治、经济、人口等宏观环境为主，用户的变量以新用户、新场景和新需求的变化为主，市场中的新变量则是二者叠加带来的品牌格局的变化，以及新技术、新需求带来的新品类的崛起。目前，中国新消费品牌崛起的思路主要是地缘套利和大牌平替。

1. 地缘套利

地缘套利就是利用不同国家之间发展的不平衡和差距，以及各个行业存在的势能差和信息差的机会来获得利润。品牌把在一个高度发达的市场中已经打磨成熟的产品和服务复制到一个新兴的有待发展的市场，就可以迅速获利。比如，早期国外诞生了亚马逊电商，国内对应崛起了天猫；国外产生了谷歌搜索，国内对应的就有了百度。

在消费领域，主打0糖0脂0卡的健康饮料元气森林就是典型的利用地缘套利做市场切入的品牌。健康无糖的饮料在很多国家早已成为大趋势。比如，2019年日本的无糖茶饮渗透率已经达到80%以上，而同期的中国市场大概是5.2%。无糖可乐在美国的销量占比在63%左右，而在中国销量占比大概为3%，这些数据都说明了健康饮料是一个巨大的商业机会。国内市场上的同类产品多是大品牌推出的副线系列，没有完全聚焦到健康饮料，很难在用户心中树立品牌形象。元气森林敏锐地抓住了这个市场的空白点，它围绕无糖这个关键属性推出了一系列茶饮、气泡水和功能饮料，然后在社交媒体和娱乐综艺节目上轰炸式地宣传无糖气泡水，很快就建立了无糖专家的品牌认知。在消费品极度发达的日本市场中，我们有许多可以借鉴的机会。在元气森林的无糖饮料燃茶系列面世之前，日本市场上就已经有了三德利的无糖乌龙茶、伊藤园的无糖绿茶等无糖茶饮。元气森林的乳茶对应在日本市场也有伊藤园推出的牛奶乳茶。

2. 大牌平替

在中国，过去的消费市场国际品牌居多，国内的品牌较少；近年来，新品牌起步的逻辑多以作为国外大牌的平价替代品来定位，以提供质优价廉的产品为突破口。能诞生大牌平替的行业有以下三个特征。

第一，行业的定倍率（即零售价除以成本的倍数）比较高。美妆护肤市场一般的定倍率是十几倍，即1000多元的护肤品，其成本多在100元以内。这样的市场就有空间"动刀子"。

第二，国内的供应链成熟度非常高且在全球范围内具有一定优势。在美妆护肤行业中，国际大牌的优秀供应链多在中国，这就使得国内工厂在成本控制和研发设计上具有明显优势。

第三，年轻群体对国货和文化的认同度较高又有很强的消费力,给了大牌平替的机会。

目前,中国的各个消费领域都出现了大牌平替,只是在各个品类上平替的进度不同。国货崛起是个确定的趋势,未来行业前几名还是国际大牌的品类对国货品牌来说都是机会。手机、家电早已是国产品牌的天下,但是母婴产品和女士护肤等品类平替的节奏就比较缓慢。当然,大牌平替只是突破的起点,品牌还需要持续产品创新才能稳步增长。大牌平替不是单纯靠低价来获取用户,产品力、技术能力等多方面都要做到真正媲美各自领域最好的品牌。

完美日记是典型的大牌平替的国货品牌。很多年轻人尤其是学生群体都是彩妆的尝鲜者,他们想用好产品但是能花在彩妆和护肤的预算相对有限。于是完美日记就利用迪奥、雅诗兰黛和欧莱雅等国际知名品牌的供应链来打造自己的产品。其代工厂上海臻臣的老板让公司全员学习华为的产品开发流程,用生产手机的标准来提升彩妆的产品品质。正是这样完备的供应链体系让完美日记得以快速发展。完美日记在产品和品牌端也做了很多动作。比如,它和《中国国家地理》杂志做 IP 联名眼影,将祖国山川美景的颜色在色盘里复刻,让美妆和文化 IP 碰撞产生出新的体验。它还同探索频道联名开发十二色动物眼影盘系列。每款产品都十分具有吸引力,让用户以便宜的价格得到了大牌的体验。

小米也是属于大牌平替的品牌。十年前,市场上的产品价格和品质是绝对正相关的,也就是品质好的产品对应的价格也会贵,价格便宜的产品质量一般都不太好。在市场上缺乏相对好又便宜的产品,这个市场机会就被小米抓住了。小米做了移动电源、插线板、空气净化器等非常多高性价比的产品。当时国外大品牌的空气净化器动辄要三四千元，而小米通过699元的空气净化器实现年销售200多万台，稳居市场第一，也让空气净化器市场销售均价足足下降了近1000元。通过打造不同品类高性价比的产品，小米慢慢成为家喻户晓的国民品牌。

第一模块总结

无印良品如何提升品牌洞察力

无论是对消费趋势的分析和预判,对用户需求的深入挖掘和理解,还是对市场新机会的洞察与把握,本质上都是找到未被满足的新需求。洞察并不是一件容易的事,因为洞察力在很多地方与人性是相悖的。

(1) 人只能看到自己想看到的东西。 当人们接触一个新事物的时候会选择性地吸收证明自己心中观点的信息,天然过滤和屏蔽与自己观念相悖的信息。这就可能导致洞察不是发现新机会,而是证明心中已有观点的论证题。比如,很多下属向领导汇报工作时往往过滤了很多信息,在信息难以对称的情况下,领导很难做出最优决策。

(2) 人会捍卫自己的观点。 在遇到不同意见时,人的大脑潜意识中的反抗机制会被激发,让人更加强化自己之前坚持的观点。哪怕这个观点是模棱两可的,也会在对抗中得以强化。所以,没有多元视角和充分的信息环境很难产生发现本质的洞察。

(3) 过于迷信大数据。 在满世界鼓吹大数据时,品牌必须清醒地认识到数据无法帮我们做决策,它只能缩小决策的范围。最终的决策还是要回归到人的需求本身,定量数据用来辅助判断。

品牌的洞察力构建是进行产品创新、内容营销和用户运营的前提,它也是品牌的元能力。

无印良品在 2003 年成立了一个观察开发计划"发现无印良品"（Found MUJI）。在很多无印良品的店里都能看到这个系列的产品。产品中用很多设计的小心思和小惊喜来展示品牌对于生活的新思考。在组织架构上，无印良品于 2009 年专门成立了无印良品生活研究所，这个部门的主要工作就是让开发产品的团队从旁观者的角度去观察研究人们的生活，并对生活空间里的每一个角落乃至每一件商品都进行拍照，然后将照片提交到公司进行分析讨论。这种方式是让产品开发人员实地拜访消费者并观察他们的日常真实生活场景，以此挖掘用户的潜在需求。

以清洁这个项目举例，整个洞察研究分为以下五步。

第一步：无印良品会根据生活中的新发现制定课题。课题的选择要有意义，符合做产品的目的——让人们的生活更美好。在清洁项目中，他们制定的研究课题是"如何让清洁更愉快"。

第二步：无印良品找来相应的设计师和专家进行深入的实地访谈和研究。调研团队不是只有专家，还需要设计师或对生活有强感知力的 KOL 等，这样多元互补的视角才能使洞察结果更接近真实。

第三步：无印良品对用户展开调研并从中获取灵感。定量的问卷调查一般通过线上完成，以便形成大数据维度的需求收集。

第四步：进行定性观察。只有定量的大数据是无法做出决策的，还需要去用户的实际场景中观察他们的需求。清洁项目的洞察团队对多达 9247 个家庭进行了深度访问。访问的内容涉及清洁的频率、清洁时使用的工具、家中清洁的负责人、整个清洁的流程等一系列问题，进而展开一系列细致的调研分析。

第五步：形成方案。在形成方案的过程中，**不要先假设答案或者着急寻找答案。能提出问题才是最重要的，因为好的问题会**

带来好的解决方案。经过查看大量的拍照数据，该团队发现多数用户家里的清洁工具非常占地方，经常倒下还不美观。最后，无印良品设计了一个能直立在地面上的拖把，并搭配了一个附带磁铁可以吸附在冰箱侧边的盒子。产品安装好后还可以收纳垃圾或存放替换的擦地布，避免用户想更换擦地布时找不到。最后的解决方案是关于用户对清洁的整体体验，而不是一味地增加功能和提高参数。

如何提升洞察力呢？

首先，要对生活有**高敏感度**和**高感知度**。在日常生活里要多用心观察才能见微知著。一个商人的成功，往往不是抓到了普遍存在的商机，而是抓住了一个他人没有察觉或忽视的机会。洞察力需要对事物保持高敏感度，且非常善于发现和解决生活的细节问题。这种对细节的洞察，正是创新的起点。

无印良品的著名设计师深泽直人曾经设计了一把雨伞，其手柄上有一个半圆形的凹槽。他洞察到很多人日常出门买东西时会提着购物袋，这个设计可以让他们在等车时把购物袋挂在手柄的凹槽上来减轻身体的负担。这是一个非常贴心的设计，用户只有用到这样的产品，才能感觉到品牌在用心和他对话。

其次，通过多问问题寻找事物的本质。洞察的目的是找到最终的根因。这就需要先找到问题的原因，甚至找到原因背后的原因，也可能是原因的原因的原因。只有找到根因，问题才能迎刃而解。

丰田公司推行精益制造有个秘诀，遇到问题常问"五个为什么"。当时有个著名的小故事，当生产线上的一台机器不转动了，经理追问了工人五个为什么：

"为什么机器停了?"

"因为超负荷,保险丝断了。"

"为什么超负荷了呢?"

"因为轴承部分的润滑不够。"

"为什么润滑不够?"

"因为润滑泵吸不上油来。"

"为什么吸不上油来呢?"

"因为油泵轴磨损松动了。"

"为什么磨损了呢?"

"因为没有安装过滤器,混进了铁屑。"

通过多次追问"为什么",最终发现根因是需要安装过滤器。倘若没有刨根问底就换上保险丝或油泵轴,几个月后同样的故障还会再次发生。

最后,要保持好奇心。随着品牌在一个品类里的时间增长,团队可能对行业中一些约定俗称的做法习以为常,不再好奇探讨。只有时刻保持孩子般的好奇心,才能感知到别人感觉不到的有价值的信息。这就像旅行的魅力不仅在于对新鲜事物的初次体验,还在于对日常中快要忘却的事物焕发出新鲜的感受。

洞察力就是透过现象看清事物本质的能力,需要发现隐藏的事实,看到别人看不到的东西。当一个人在游泳池里游泳时,能让他浮起来的不是皮肤接触到的那一层水珠,还有皮肤接触不到的所有水珠。我们能看到的只是生活中的冰山一角,只有提高洞察力,才能看到水下世界的真相。

第二模块

中观

——因势利导：品牌定位与品类战略构建品牌势能

做消费,一切都要从人出发,回归到品牌能给用户创造的价值。品牌建设的工作要围绕价值创造与价值传递展开,要不断地创造消费者价值并塑造消费者认知。做品牌,其实就是传递给用户一种感觉。

本模块解决的问题:

1. 品牌的本质到底是什么?品牌的构建方式有哪些?

2. 当品牌所在的品类出现下滑和衰亡时,是救品牌还是换品类?

3. 做品牌如做人,如何像做人一样打造"高情商"的品牌?

4. 品牌如何构建与消费者的关系,打造"灵魂伴侣"的品牌?

5. 品牌定位过时了吗?如何制定品牌定位和品类策略?

6. 如何给品牌起个好名字?

7. 如何开创并主导新品类,打造新品牌?

Chapter Four

第 4 章

品牌的构建方式

首先我们来看一个案例。猕猴桃和奇异果是两种类似的水果,国产猕猴桃售价约 10 元/斤,而佳沛品牌的奇异果售价能卖到 10 元/个。同类产品价格却差数倍,这背后体现的就是品牌的价值。

猕猴桃本是中国原生的水果,早在《本草纲目》中就有对它的记载。19 世纪,宜昌的猕猴桃种子被带到英国、美国和新西兰进行新品种的培育。其中,新西兰专门成立了国家奇异果营销局,整合产业链并打造了佳沛品牌。他们培育的奇异果比猕猴桃皮更薄且果肉更甜爽多汁。佳沛从 40 多个实验品种中选出阳光金果(GOLD3)和魅力金果(GOLD9)推向市场,产品深受消费者欢迎的同时塑造了品牌的初代形象。之后,佳沛继续深耕产品研发,培育了不同颜色的果肉品种,其 2021 年推出的红色果肉奇异果凭借其差异化的外形和口感,很快成为风靡市场的爆品。营销方面,佳沛通过选取消化道健康和富含天然维生素 C 的双重卖点,成功地将奇异果在用户心中建立了健康的认知。这样,佳沛通过品牌塑造、产品创新和全球销售渠道的整合推广,在猕猴桃市场中开创了奇异果新品类,又一步步地把自己的品牌塑造成了品类的代名词。

现如今,很多品牌的产品规格类似,生产工厂一样,铺设的渠道和定价趋同，甚至连直播带货的主播都一样，在这种情形下，能给用户传递的品牌价值就只剩下披着"新消费故事"外衣的性价比。然而，毫无差异化的品牌只能靠降价和促销来勉强维持销售，绝非长久之计。所以，无论打造新消费品牌还是焕新升级老品牌，最重要的是弄清楚：**品牌的特点及如何构建品牌**。

4.1 品牌的特点

品牌是消费者对产品和产品系列的认知程度。广义来讲，是企业经济价值的无形资产。能为产品带来溢价的才能成为品牌，也就是企业要有自主定价权。如果仅仅靠低价获客，然后从供应链和渠道里扣利润不是长久之计，只有能占据用户心智的才是品牌。正因如此，能真正成为品牌的其实并不多，它们往往有以下特点。

（1）强科技属性，有核心技术和护城河。苹果、华为和戴森都拥有自身独特的技术和产品体验，能形成护城河和产品的"不可比价性"。苹果打造了独特的软件硬体一体化的用户体验，尤其是 iOS 系统用多久也不会变慢是很多消费者购买苹果产品的重要理由。华为鸿蒙操作系统、麒麟芯片和照相技术的领先，让产品不会陷入和使用高通芯片的安卓机拼参数的尴尬境地。戴森用 1200 名科学家研究出来的数码马达和气旋技术，让吸尘器和电吹风实现革命性创新。

（2）情感属性和心理属性。当消费者想到某一品牌总会和时尚、文化、价值联想到一起的时候，就会产生品牌价值。品牌能不断地创造和引领时尚，从产品质量和功能等低附加值转向时尚潮流和文化创新等高附加值，就具备高价值的品牌力。中国李宁、波司登在海外各大秀场上展示中国设计潮流和科技材质所引领的国潮时尚，就让品牌本身产生了很大的溢价。

（3）文化历史属性。茅台、云南白药和东阿阿胶等带有文化特色或历史特征的品牌都属于这类。这类品牌往往有很强的中国特色而不会面临国外品牌的竞争，也不会有国外巨头的市值作为锚定的天花板。这类品牌一般都有比较久远的历史故事作背书。比如，茅台酿酒用水取自赤水河，高粱在本地发酵，甚至发酵用的瓮缸也是本地设计的才正宗，投料的时间在农历九月重阳节，早一天晚一天都会不对味，这些都体现了物以稀为贵和不可替代性。很多品类的中高端品牌都被国外品牌占据，但在国货逐步替代国外品牌的大势下，食品饮料等本地色彩更重的品类会更有地理优势，像王老吉凉茶、李子柒螺蛳粉等从地方饮食走向全国的知名品牌会越来越多。

4.2 制定企业品牌策略

品牌策略要尽量在从 0 到 1 的起步阶段规划好，这样在从 1 到 N 的发展阶段才能持续增长。这涉及品牌的半径有多宽，即单个品牌能够覆盖的品类种数，也涉及多品牌如何协同发展。通常企业品牌的策略有以下四种。

第一种，**伞型发展策略**，即企业采用一个品牌涉猎多个品类和行业。这种策略在日本和韩国的企业中比较常见。比如，三星涉足手机、半导体、地产、制药、汽车等领域，全部使用的是"三星"这个品牌。在中国，比亚迪也采用了同样的策略，横跨代工、汽车、电子、电池等多个领域。

第二种，**灌木型发展策略**，即企业在既有品牌并未主导所代表品类的情况下，同时推出多个品牌。这个策略的优势是最大限度地获取市场份额，劣势是各品牌的实力平均，品牌数量虽然多但在每个品类中都没有取得主导地位。通用汽车集团采用的是这种策略，旗下有别克和雪佛兰等品牌，但是没有一个处于所在品类的领导地位，这样并不利于建立品牌的专业形象。

第三种，**大树型发展策略**。这种策略是企业通过创新长期聚焦发展一个主品牌，然后孵化新品牌，最后实现多品牌矩阵。大树型发展策略的核心是先让大树的主干深入扎根，等有了充足的养分后再发展枝叶，最后拥有枝繁叶茂的旺盛生命力。比如，丰田在积累了近半个世纪的研发和制造经验做到行业第一后，开始孕育了高端车品牌雷克萨斯。这种策略需要企业在夯实主干业务的同时具备打造多品牌的能力，只有企业具备支撑多品牌的强大产研、供应链、营销、质量、售后和服务等能力中台，大树强壮的主干才能为各个分支输送充足的养分，才具备开辟第二增长曲线的能力。

第四种，**竹林生态发展策略**。竹林模式是生态型战略，它的特点是竹子经过漫长的扎根期后会快速成长，且竹林形成根系发达的系统，即使个别竹笋死掉，整个竹林的生命力依然非常顽强。小米的生态链策略属于较为典型的竹林模式，通过投资＋孵化100多个生态链公司，小米既聚焦于自身品牌和核心业务，又通过米家品牌打造了上百个领域的品类爆品，还借助投资的力量衍生出各个生态链公司的自有品牌。与竹林模式对应的是松树模式，典型的案例是诺基亚。它在巅峰时期是全球手机市场销量的绝对第一，但当面临功能手机向智能手机切换的"环境突变"却轰然倒塌。

4.3　产品品牌与渠道品牌

品牌按增长驱动力可以分为产品品牌和渠道品牌。

从本质上讲，**产品与渠道的关系是既博弈又相互赋能。产品需要找到以最低成本获取流量的场景，渠道追求找到更多、更便宜的好货和能自带流量的品牌。**对于既是渠道又做产品的公司来说，同样需要平衡二者的关系。产品初期依赖渠道规模化获客以实现从 0 到 1 的增长，这是产品与渠道的蜜月期。渠道变现主要依靠商品点位费和广告费。像亚马逊、京东和很多线下商超连锁渠道多以商品扣点和佣金为主要盈利模式；天猫和抖音等则以广告费为主要盈利模式。品牌初期只有充分理解并满足渠道的核心诉求，才能做好渠道销售。**但当其规模成长到一定阶段后，双方的博弈会凸显，品牌会希望找到流量成本更低的渠道，并构建自身的私域流量。**渠道平台为了满足用户的新鲜感和提升自身的流量分发效率，也需要不断引入新品牌。**二者既博弈又赋能的双向关系会进一步凸显。**

1. 产品品牌

产品品牌是以产品为主要增长驱动力的品牌，通常是用户心智卷入度高的品类，如手机、内衣和美妆等。用户在选购时会花较多的心思来研究产品，且产品因素在购买决策因素中所占的比重远高于渠道因素。产品品牌多聚焦做爆品，涉及的品类相对集中。其增长策略主要以爆品来塑造品牌形象，不断拓展与爆品匹配的品类和销售渠道。

蕉内：设计驱动产品创新、塑造新国民品牌

蕉内成立于 2016 年，2020 年销售额突破 10 亿元，估值达 20 亿美元。它根据"体感科技"和"重新设计基本款"的品牌定位进行品类布局，通过科技面料、优秀的版型和工艺解决用户的痛点，是比较典型的设计驱动的产品品牌。回顾蕉内初期的发展历程，其中有四步值得借鉴。

第一步，通过独创的无感标签，借助用户日常高频使用的内衣品类，形成一个体验小闭环。蕉内的两位创始人有设计师背景，他们敏锐地洞察到过往内衣标签有"拉肉"的问题，让用户不舒服但业界却无解决方案。无感标签的出现，让用户体验到了"零感"穿着的舒适，并通过优秀的产品设计建立了一个有态度、有温度的品牌印象。

第二步，扩展周边品类，追求全方位的产品极致体验。蕉内梳理了更为清晰的产品体系，并给每一款产品建立了专属坐标表：在材质上，面料级别分为 3 系更简单、5 系更丰富和 7 系更稀缺；在结构上，版型工艺序列号分为 01、02、03；在体感设定上分为 Air、Standard、Pro、Element、Color。根据不同纬度地区（华南–风冷、华中–雨冷、华北–雪冷）的气候，蕉内还将旗下的热皮系列产品分为三档不同的厚度（01、02、03），同时根据纤维面料又分为三个级别（3、5、7），满足 9 种不同保暖需求的产品款式。蕉内通过上述方式对产品进行分类界定，以此满足不同用户的体感需求，进一步加深了其品牌认知度。

第三步，秉承"聚焦于内"的设计理念不断地创新研发，构建护城河。研发成果有无感技术 Stressfree、外印无感标签 Tagless、无感托技术 ZeroTouch、秒吸降温技术 Movestech、空气学保暖技术 Airwarm、银皮抗菌技术 SliverSkin 等多项"硬核科

技"。随着面料、版型和工艺的创新技术升级,强化了其体感科技的品牌形象。

第四步,除了产品本身的设计,蕉内还将设计升级到产品包装、电商视觉及店铺形象等各个用户触点,强化了品牌个性并形成符号化的记忆点。比如,它们在电商页面设计了头发盖住眼睛的模特(见图4-1),一方面可以让消费者的注意力更聚焦到产品本身,另一方面形成了比较强烈的品牌辨识度。

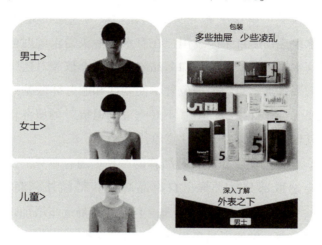

图4-1 蕉内模特和产品示意图

很多优秀的公司对外的口号其实就是对内的战略,它代表品牌真正想做的事。很多时候,品牌需要排除干扰项,拷问初心。蕉内找到了"重新设计基本款"的定位,描绘了品牌自身的宏伟蓝图。

2. 渠道品牌

渠道品牌是以渠道为主要增长驱动力的品牌,通常是用户心智卷入度[一]低的品类。例如，消费者在准备购买脸盆、袜子或水果时，首先考虑的是去哪里买。在整个购买决策过程中主要考虑的是渠道，很难第一时间想起产品对应的品牌。渠道品牌售卖的品类和产品数量一般会比较多，增长策略主要是先建立渠道网络优势，再往渠道里不断填充品类。

渠道品牌又可以细分为以下四类。

（1）纯渠道，售卖用户心智卷入度较低的品类。这是渠道品牌的最初模式，解决去哪儿买的问题。较为典型的是各类连锁店，如水果连锁店百果园。用户在有水果购买需求的时候，很难首先想到水果有哪些具体的知名品牌，而是会依靠对连锁门店的信任去购买各类水果。地理位置、便利性和服务体验是纯渠道品牌的主要优势。百果园推出"不好吃可以退货"的服务体验使其相较于其他水果店具备差异化竞争优势。

（2）渠道为主，兼做自有品牌的产品。随着业务的发展，一些渠道会选取部分品类推出自有品牌以获得额外利润。比如，7-Eleven、京东等推出了自有品牌，且品类布局逐步增加。它们是依托渠道背书，做的产品多为性价比高的品类。

（3）依附于单一渠道成立的品牌。很多品牌为了获得渠道资源扶持，初期会先集中火力主攻一个渠道来完成从 0 到 1 的突破。这类品牌在得到平台支持的初期会起步很快，但成熟后会面临全渠道布局和拓展的问题。例如，淘宝网在 2013 年前后扶持了韩都衣舍等一大批淘品牌，但由于对单一渠道依赖度高，且在高速

[一] 消费者购买产品所花费的心思和精力。消费者精心挑选的品类就是用户心智卷入度高的品类，不太在意品牌的品类往往是用户心智卷入度低的品类。

增长期没有及时开辟其他渠道,如今很多品牌规模已大不如前。当然,也有快速转型成功的代表,如认养一头牛。品牌创立初期,它通过云集、微店等社交电商实现用户量的突破后,快速在天猫等全渠道布局并树立良好的品牌形象。值得一提的是,主播直播间、评测、KOL 种草等都属于广义的渠道范畴。以直播为例,花西子通过头部主播的直播间带货快速地被大众熟知,然后借助直播势能转战全平台开始建立品牌认知。但用户是基于对 KOL 的信任或者直播间价格优势而下单,较难沉淀为品牌资产。所以,在获得最初突破后势必要快速转型。

(4)渠道品牌+产品品牌,售卖用户心智卷入度相对高一些的品类。这是目前相对来说护城河较强的一类品牌。它们既有 DTC⊖销售渠道,又有用户认知度高的爆品,如宜家、小米、喜茶等。品牌因为所覆盖品类的用户心智较强,具有渠道品牌+产品品牌的双重属性。在此,选用线下交付属性较高的喜茶为案例。

喜茶:构建小程序+线下店渠道直达消费者的 DTC 品牌,驱动产品创新

喜茶在 2021 年门店规模约 600 家,D 轮融资估值达 600 亿元。高估值的原因是品牌的产品创新能力强,能持续不断地推出新口味并引领市场,拥有较强的用户黏性和较乐观的增长预期。

1. 门店即内容

喜茶的门店分为白色或灰色的标准店,黑金色、粉色等系列的主题店,以及独立设计师合作创造的"白日梦计划旗舰店"。每家旗舰店都会与新锐的独立设计师合作来提出一个完全独立的

⊖ 直面消费者的营销(Direct to Customer,DTC),也就是把产品直接卖给消费者,不经过中间渠道。

主题，并且不惜成本地租用位置最好的铺面来展示品牌。深圳壹方城喜茶店将19种不同尺寸的小桌子连接在一起，是为了让大家"跳脱出各自的封闭空间"。桌子连接在一起缩小了不同群体之间的距离，为他们的互动提供了可能。不论消费者是带着电脑边喝茶边办公，还是和朋友、情侣一起喝茶聊天都能找到合适的区域。如果俯视这个门店会看到它给人与人的互动提供了更多的可能性，增加了不少烟火气。喜茶的很多旗舰店还会融入所在城市的文化。西安的喜茶门店加入了大量的艺术装饰向古城致敬，也引出消费者对时间和历史的思考。可以说，喜茶的每一家旗舰店都是一个创意艺术品。很多品牌对连锁的理解是连住利益、锁住管理，在做门店设计时会考虑千店一面，效率最大化地追求可复制性。而喜茶旗舰店是千店千面的设计，它用空间设计来塑造品牌价值，将艺术、文学与设计等相结合，给消费者传递一种蕴涵文化创意的生活态度和生活方式。

2. 门店即营销

喜茶的粉色主题门店更倾向于年轻女性消费者的环境体验。有来自英国设计师托马斯·赫斯维克（Thomas Heatherwick）设计的陀螺椅（Spun Chair）、造作（ZAOZUO）法国设计师的GUISSET系列粉色靠背椅、丹麦品牌Bang&Olufsen的红色音响。门店还设计了粉色波波池和粉色气球狗，就连杯子和珍珠都是粉色定制的。这类定制主题新店并非仅以推广茶饮为主，还给用户营造独特的体验形成社交打卡的网红地。

同时，喜茶还成立了制冰实验室和甜品实验室，在多家门店增设手冲茶体验区以推广"茶文化"。喜茶将茶背后的文化不断年轻化、国际化和互联网化，这背后的远大雄心是做一个超越文化和地域的符号品牌。

3. 全域运营

喜茶2021年小程序用户数量近300万人，并且80%的用户通过小程序下单。喜茶小程序中从状态、冰量、甜度、茶底、加料、口味和顶料分装等多个方面做了极度细致的划分。用户可以通过多种自选实现个性化的口味定制（见图4-2）。同时，用户在线化产生的大数据也会同步驱动产品研发创新。在前端门店和小程序的个性化和差异化的背后，是极强的数字化系统支撑的集约化。**门店的未来趋势是前端个性化和后台标准化，兼顾体验和效率。旗舰店越来越会有实验室、艺术馆和城市公园的属性，成为品牌文化承接的载体。**

图4-2　喜茶门店小程序口味选择示意图

强大的品牌力和渠道力让喜茶成为各大购物商场的重点招商对象,从而获得更有优势的商务入驻条件。喜茶的产品同样具有很强的创新能力。在从奶茶品类到珍珠奶茶的进化趋势中,喜茶开创并引领了芝士奶茶新品类。它使用优质茶叶、鲜奶和新鲜水果提升了行业标准。在芝士奶茶成功后,喜茶又推出了霸气油柑的爆品系列,甚至带动了油柑的种植产业。

喜茶不仅具有优秀的产品创新能力,还极度重视内容和设计,一直有"被茶饮耽误的设计公司"的称号。除了前面介绍的门店作为内容输出的窗口,其公众号头条推文也是重要的输出方式,每条的平均阅读量过40万次。喜茶十分重视优质的内容产出,为此特意设置了"首席内容官"岗位。这也说明了喜茶所理解的渠道是运营用户接触的全触点,**真可谓一切内容皆渠道、一切渠道皆品牌**。

总结一下,产品品牌的优势是有机会做成用户首选的专家品牌,挑战则在于自身研发体系的构建以及持续形成差异化和护城河的能力。另外,产品品牌需要摆脱对单一渠道的依赖,并通过全渠道发展构建自身的核心竞争力。

渠道品牌的优势是强大的渠道触达能力。其挑战在于多品类布局有可能在每个品类上都难以成为专家品牌,往往最后需要靠性价比或者优质的服务来强化购买理由。渠道和产品并重的方式是未来发展的参考方向。

4.4 动能品牌与势能品牌

从物理学的角度看品牌,我们也会有新的启发。

1. 动能品牌

动能是指物体因运动而具有的能量。动能计算公式是

$$E_k = mv^2/2$$

式中，m 为质量；

v 为速度。

动能的大小与质量和速度强相关。动能品牌就像滚雪球，先靠速度跑起来，雪球越滚越大就形成了品牌能量。这类品牌往往极其重视渠道效率和流量，多以中低定价形成较大的销售规模，之后反向提升供应链效率，逐步形成护城河。**动能品牌的代表有完美日记、ubras 内衣和宝洁系品牌等**。它们通常的打法如下。

（1）选择一个大赛道，再打造中低定价的强功能爆品系列。

（2）找到流量和渠道红利放大器。比如，完美日记通过小红书种草、ubras 内衣通过与头部主播绑定冲刺销量，这些都能让流量与产品特点形成合力并产生指数级的加速度。它们在营销上强**化产品功能**，在电商运营上更侧重于使用"货找人"的智能推荐模式。这类品牌的流量来源中用户搜索习惯往往是品类词大于品牌词，依靠强大的渠道曝光促进购买。

（3）做全渠道的大渗透。强大的渠道曝光让消费者随时随地可以看到，销量上升后进一步提高供应链效率，并依靠供应链和渠道优势产生护城河。

ubras：爆品驱动 + 社媒饱和营销 + 线上直播
放量打造无尺码内衣的超级品类

2021 年 ubras 的电商 GMV 近 30 亿元，品牌在 2016—2018 年主抓微信公众号营销，通过自媒体大号进行社交分销，销售以无

钢圈内衣等偏日系风格的产品获得了第一桶金。2018年天猫商城想大力孵化新品牌，ubras抓住了平台红利期，通过创新研发了无尺码内衣转战天猫并快速上量。在2019年签约当红小花，并开始在天猫、小红书等社交媒体饱和投放明星同款的无尺码内衣，伴随着小红书等媒介崛起的红利，ubras通过大量的KOL社交种草快速被大众熟知。2020年ubras又把握了直播红利，深度绑定当时的天猫头部主播快速实现销售倍增。ubras的新品发布、社交投放和直播带货都围绕天猫年度大促展开，并通过无尺码爆品与天猫平台的流量高效匹配快速做大了销售规模。动能品牌往往具有极强的营销能力和运营能力，又能与渠道深度合作实现大量销售，通过做平价优质的产品，打造销量极大的爆品并形成较强的供应链壁垒。

动能品牌往往给用户造成的认知是品类大于品牌，后续不容易扩品类。ubras品牌本身的定位导致其文胸的销售占公司总收入的80%以上，后续很难持续在其他品类上实现扩张。典型的动能品牌宝洁也有同样的问题，只能通过飘柔、海飞丝和潘婷等多品牌模式实现拓展，这些都是动能品牌后续要考虑的问题。

2. 势能品牌

物体由于重力作用而具有的能量叫作重力势能。重力势能公式是

$$Ep = mgh$$

式中，m 为质量；

g 应取 9.8N/kg；

h 为物体距参考平面的高度。

它的能量来自质量和高度。品牌需要先把自身调性提高到一

定的高度，然后在山顶上以雷霆万钧之势倾泻而下并产生巨大的增长能量。势能品牌往往更重视品牌理念与调性。品牌在创立初期的主要任务是构建良好的品牌定位、内容体系和粉丝黏性，不以速度和效率为第一考量要素。势能品牌的代表有花西子、内外内衣和观夏等品牌。它们通常的打法如下。

（1）构建一个独特的品牌理念吸引核心粉丝。产品定位多为中高端，同时重视品牌视觉体系和内容体系的建设以提升品牌调性。

（2）十分重视官方渠道建设。其销售渠道主要是官网小程序和线下旗舰店。很多品牌甚至会反向增长。比如，新锐香薰品牌观夏在早期主要依靠自己的小程序来销售产品，在产品上线三年后才进入天猫等主流销售渠道，这种克制增加了品牌的神秘感和调性。势能品牌在电商运营上更偏向于"人找货"的模式。品牌流量中的用户搜索词上往往品牌词大于品类词，用户主要是"点单式"购买产品。

（3）相较于规模更重视自身的品牌理念，在品牌调性和官方渠道拉高到一定程度后，再考虑逐步拓展渠道和做大销售规模。

内外内衣：理念驱动＋内容营销＋线下店组合，打造生活方式贴身衣物品牌

内外内衣在2021年完成了1亿美元的D轮融资，年销售额突破10亿元。很多人知道内外是通过一条《没有一种身材，是微不足道的》（NO BODY IS NOBODY）的宣传片。传统内衣的营销大片主要通过身材傲人的模特凸显性感时尚，内外的广告片以多位主角展示了多元化的审美。广告中的模特有的有做手术留下的疤痕，有的有小肚腩，有的年龄近60岁，内外以纪录片的形

式号召女性了解并热爱自己的身材，走进内心并尊重多元之美。品牌倡导女性无论身材苗条还是丰满，处在什么年龄段都能够通过正视自己的身体，认可自身独特的美，希望每一位女性都能热爱自己的身材，与品牌一起传递对真实身材与多元之美的积极态度。内外内衣通过这种**"没有一种身材是微不足道的"**价值观，引发都市新女性的思考并唤起女性力量。

内外极度重视品牌理念和内容传达。在品牌初创期，内外就配备了专门制作视频的内容中心，并在品牌公众号上坚持做纪录片《在人海里》。与当下快餐式的短视频不同，它用大概10~20分钟的中长视频以纪录片的形式剖析当代女性遇到的社会问题和情感话题。全片不带有任何品牌广告，最多是主演穿着内外品牌的服饰，用内容与粉丝产生深度共鸣。

目前，品牌的门店已经突破100家，它在线下更加注重场景氛围的营造。整个门店有内衣、家居服、瑜伽服、芭蕾舞服以及综合训练运动服等更丰富的贴身服饰品类。线下门店的客单价接近1500元，达到线上的3~4倍，用户单次购买3~4件产品，也远高于电商平台的客单次成交量，体现了实体门店对于品牌的价值。内外通过宣传女性自我认同的价值观，加上内容营销引发女性思考，都是在做新时代女性的深度沟通和情感共鸣。

总结一下，动能品牌就像用户的好闺密，无处不在又懂你。它的定位是贴近广大用户，因此很容易收获较大的销量。其缺点是品牌后续难以进入中高端，也会面临被模仿的困境。持续做差异化产品创新是动能品牌未来的关键能力。

势能品牌就像用户的女神，让人对它的理念和调性心生向往。势能品牌有机会做成像苹果和露露乐蒙一样的超级品牌。其缺点是起步往往比较慢，如果定位不准很容易做成小而美的小众品牌，较难形成比较大的销售规模。品牌要找到理念和商业的平衡，持续和核心用户深度沟通以获取更好的增长。

4.5 品类王品牌与场景品牌

按品牌所覆盖的是单品类还是多品类，可以将品牌分为品类王品牌和场景品牌。

1. 品类王品牌

品类王是在一个品类中市场份额处于绝对领先地位的品牌。消费者想要购买相应品类就会想到这个品牌，品牌几乎成为品类的代名词。比如，说到羽绒服就会想起波司登，谈起无人机就会联想到大疆。在一个市场规模大、增长快的品类中成为品类王，其市值基本都会在百亿元以上。

**波司登：产品创新 + 渠道媒体化 + 公关事件化，
打造中高端新国货品牌**

目前新国货品牌虽然批量崛起，但是做到像华为、波司登这种中高端定位且能直接同国外大牌竞争的品牌屈指可数。波司登几乎做到了"波司登 = 羽绒服"，远远甩开身后其他品牌，成为国产羽绒服里当之无愧的品类王。

1. 产品创新

2021年，波司登推出的风衣羽绒服将羽绒与风衣两个功能性时装相结合，开创了全新的商务羽绒品类。它敏锐地洞察到用户的需求痛点：羽绒服不够商务，商务服饰又不够保暖；时尚的服饰不够实用，实用的服饰又不够时尚。波司登革命性地推出了这款集时尚、保暖、修身、商务和防护于一体的大成之作，引领冬季潮流穿搭。做一个爆品并不难，难的是打造持续推出爆品的创新体系。2022年，波司登重新定义轻薄羽绒服，让保暖和轻便两个看似矛盾的特性得以融合，又推出采用了"热胀冷缩"灵活控温技术的玛莎拉蒂联名款羽绒服，达到了遇冷膨胀，灵活控温的科技保暖新高度。

2. 渠道媒体化

近年来，波司登"关小店、开大店"，将体验店开到核心商圈，进一步强化用户体验感。2022年，波司登全球首家体验店落地上海南京西路，为消费者打造丰富的体验场景，探秘产品设计的"黑科技"，不断刷新羽绒科技新体验。整个门店分为三层，分别打造了羽绒服科技体验中心、场景体验中心和会员体验中心。一进门就有一个超大的"365羽绒硬核科技装置"，通过趣味互动的方式，呈现波司登从"羽绒筛选""保暖工艺""御寒科技"到"成衣测试"等工序，消费者可以直观感受一件优质羽绒服的诞生过程。**门店是品牌人格的外化，让消费者在门店中感知品牌就是最好的营销。**旗舰店中还设有品牌历史馆，消费者可以切身了解品牌创建历程，尤其是波司登如何不断打破和重塑行业标准，以及作为国货之光屡次登上世界三大时装周。设计师手稿、工艺制作步骤展示等也能让消费者近距离感受每件羽绒服的精巧细节和设计师背后的匠心精神。当下的门店建设不能仅仅是促销员的自卖自夸和卖点的生硬罗列，更重要的是用户体验。门店内还巧妙地设置了一个极地环境体验区。体验区内打造了一个仿真极地冰雪屋，消费者可以穿上波司登羽绒服，在内部-30℃的空间内，沉浸式感受科考人员穿着征服极寒雨雪环境的体验。波司登通过这一环节淋漓尽致地展示了波司登羽绒服的极致御寒能力和超强防风防雨的领先科技。这些极寒体验仓等互动体验装置，营造了充满科技感的空间，进而展示了更为鲜明且独具记忆性的品牌形象。

3. 事件公关化

波司登拥有强大的营销能力，善于把每一次的营销形成具有热度并引发讨论的公关事件。2018年，波司登以独立品牌的身份亮相纽约时装周，成为唯一在纽约主场走秀的中国品牌；2019年，波司登进入米兰时装周并发布三大系列作品；2020年，波司登又以独立品牌身份亮相伦敦时装周。在海外大秀上，波司登既体现了中国红等中国元素，又不乏梵高蓝、迷彩和反光数码等国际化的流行元素，让羽绒服更具时尚潮流感。波司登还与法国高级时装设计大师高缇耶进行联名新一代羽绒服，并在上海打造了360°沉浸式体验的羽绒服秀场。2021年，波司登发布登峰2.0系列羽绒服，使用源自北纬43°的黄金羽绒带珍稀鹅绒、中国航空使用的智能调温材料（PCM智能调温）、自主研发的多层立体充绒结构及内里蓄热双色面料，实现了四重温控保暖技术，助力中国登山队再攀高峰。这些都形成了极大的社会影响力，成为被各种媒体报道、KOL营销宣传的热门事件。

品类王品牌的优势是定位聚焦，容易在用户心中形成"首选"品牌和中高端定位，这样可以有更多的利润投入产品研发以持续巩固自身的护城河。其挑战在于衡量品牌价值的天花板，往往通过以下两点：

（1）品牌所在品类本身的增长前景如何？是高速增长品类还是饱和品类？

（2）该品牌在整个品类中的占比有多少？还能提升多少？

为了持续保持增长，品类王品牌往往通过孵化子品牌覆盖更多的人群。比如华为＋荣耀品牌、波司登＋雪中飞都是采取双品牌运作的方式实现最大化增长。但当销售份额占到所在品类一半后就会遭遇发展瓶颈，品类王品牌需要第二曲线创造更大的品牌价值。

2. 场景品牌

场景品牌也可以理解为品类延伸品牌。品牌围绕用户生活中的一个或多个生活场景去布局多品类。它在定位和营销上不过度强化单品类特性，而是围绕用户或场景展开。母婴品牌 Babycare 围绕母婴这个大场景进行多品类扩张，给妈妈们提供了一站式购物解决方案。场景品牌在增长预期上会更有想象空间，也在一定程度上摆脱多品类带来的经营风险。

Babycare：多品类爆品＋颜值设计＋用户运营，
塑造新宝妈的一站式购物母婴品牌

Babycare 在 2021 年电商 GMV 突破了 50 亿元。它的主要品牌策略是围绕母婴这一个核心场景，在各个品类聚焦，先做出少而精的爆品，然后逐步形成一站式购物母婴品牌。

1. 多品类爆品

品牌最早切入的是腰凳这个品类。当时腰凳是一个小众细分的蓝海品类。这个产品可以让力气不大的宝妈轻松背上宝宝去逛街，因此深受年轻妈妈的欢迎。同期，国外品牌的同类产品价格普遍在 1500~2000 元，国内又没有较好的替代品牌。Babycare 通过人体工学设计提升舒适度，让产品有了更多的附加值，很快就成为腰凳的代表品牌。为了更好地提升用户黏性，Babycare 开始布局高频产品。它们敏锐地发现市场上的湿纸巾非常薄且含有酒精，于是推出了质地柔软厚实又无添加剂的云柔巾爆品系列。同时，Babycare 又布局了纸尿裤、拉拉裤等高频产品，并覆盖喂养用品、母婴电器和婴儿寝居等多个品类。单品类从 0 到 1 不足为奇，实现品牌资产的跨品类迁移才是硬实力。Babycare 主要从小众且高成长型的细分品类切入建立用户信任，然后用高频爆品带动电商流量，再覆盖多品类提高用户客单价和购物频次。在整体市场布局上，Babycare 也是从品牌集中度低又相对容易的市场向品牌集中度高的市场逐步拓展。

2. 颜值设计

因为 Babycare 创始人具有设计师背景，品牌在电商页面和产品设计方面都做到了高颜值。在产品外观和页面上，Babycare 保持颜色多样和低饱和度，相较使用传统艳红、明绿等高饱和度颜色的产品呈现了更好的视觉体验。品牌的官网和电商页面采用手机等高价产品才使用的渲染图，营造的三维立体感比平面图显得更有质感。这种渲染图的成本基本比平面图高出 10 倍以上，此前在快消品领域很少有品牌使用。这也符合新一代宝妈的审美要求和让孩子用上高颜值产品的潜在心理。

3. 用户运营

Babycare 也十分注重用户运营和服务口碑，并坚持自建物流体系，坚持客服不外包。在全渠道打通客户关系管理用户会员库，并打造了近 250 万宝妈的私域用户体系，通过健康咨询、妈妈故事和产品解答等 24 小时陪伴宝妈，与新手妈妈共同成长。Babycare 通过持续用户终身运营，进一步增强用户黏性。

总结一下，场景品牌往往是中高端定位的专家品牌，很容易做到消费者的首选，缺点是品类在用户心中树立的品牌形象固定且具有强关联性，很难拓展其他品类。场景品牌增长的核心是后续遇到天花板后启动多品牌模式。

场景品牌的优势在于有更大的增长想象空间，且多品类覆盖有助于渠道和用户运营效率的提升。场景品牌面临的挑战在于，对单品类的研发投入不足，较难建立起专业品牌形象，最后往往需要依靠性价比来维持多品类运营。场景品牌增长的核心是不断提高渠道效率和加强用户黏性。

4.6 探照灯品牌和后视镜品牌

品牌按个性可以分为探照灯品牌和后视镜品牌。

1. 探照灯品牌

探照灯品牌是指对用户需求具有较强的引领性和对用户体验产生革命性影响的品牌。这类品牌往往存在于科技领域，有强大的品牌个性或创始人IP。苹果和戴森都是通过对市场和用户需求的深刻洞察，整合技术和设计，实现指数级提升用户体验，最后做出了颠覆性的超级爆品。这类品牌往往聚焦做少而精的产品，不会做非常多的最小存货单位（Stock Keeping Unit，SKU）去"讨好"各类用户。探照灯品牌的优势是可以做出超级品牌，甚至成为品类王品牌；难度是做颠覆性产品的挑战极大，必须做到足够的精准和引领性。国内也有这类品牌，2021年销售60亿元的清洁领域的"大黑马"添可洗地机，通过让用户一体化地完成吸地、拖地，用短短两三年的时间就打造了一个超级品牌。

2. 后视镜品牌

这类品牌聚焦于满足现存的市场需求，针对不同类型的用户需求推出不同类型的产品。例如，三星品牌推出了很多系列和型号的产品以最大限度地占领市场。这类品牌的优势是能够尽量满足现有市场需求，容易获得较大的市场份额；挑战是对前瞻需求洞察和用户的引领不够，多 SKU 也会分散资源和精力，导致管理难度加大和运营效率下降。

4.7　打造新品牌的注意事项

洞察不同类型品牌策略和品牌发展路径，有助于以全局视角构建品牌力，也有助于理解何谓品牌。

无论采用哪种品牌策略，推出一个新品牌的前提最好是能够开创并引领一个新品类，只有这样才能更好地在用户心中树立良好的品牌形象。否则，贸然推出一个新品牌的风险是非常大的。有很多品牌为此交过数以亿计的惨痛学费，这里有两个特别需要注意的事项。

第一，推出的新品牌应该有各自清晰且保持相对差异化和独立性的定位。品牌之间可以适度竞争，但应避免过度相似和家族化。五粮液当年推出了非常多的家族化品牌，包括五粮醇、五粮春和五粮神等品牌，严重稀释了主品牌的品牌价值，最后都以失败告终。

在这方面做得比较好的是安踏。它首先聚焦于运动这个大赛道下的多品牌策略，然后又在各自品牌定位上做到了明显的区隔。安踏主品牌聚焦的是大众专业运动，面向大众市场；斐乐品牌聚焦时尚运动,面向时尚休闲人群;迪桑特、始祖鸟等多个新收购品牌做滑雪、登山等更为聚焦和细分的户外运动,面向高端专业运动人群。这些品牌背后都有强大的品牌运营中台支撑,并且集团为了保持斐乐的品牌个性,甚至让斐乐团队隔离办公。因为很多时候在企业内部推出不同的品牌,新团队会被原有的组织心智同化,慢慢丧失品牌应有的个性。安踏的这种策略叫作"单聚焦、多品牌",也就是聚焦运动赛道,用不同的品牌去覆盖不同人群的需求,最大限度地占领市场。

第二,要保持品牌的独立性,不能推出了新品牌还想着去蹭知名老品牌的热度。一定要保持品牌的视觉和渠道的独立性。丰田汽车就是多品牌的成功范本,它是在丰田品牌充分占领了中级轿车市场后,才推出高端品牌雷克萨斯。而且两个品牌保持充分的独立运营,有着不同的价值主张和品牌定位。

在中国制造变成世界品牌的道路上,品牌首先要做的就是打造一个大爆品,因为只有做爆品才可以让品牌具有一定的势能。有了势能,品牌在电商渠道才会拥有更多的流量,在线下零售店才能获得更低的房租,分销渠道才会主动来提货,进而撬动更多的资源实现增长。**同时,企业要建立品牌资产的概念,它不是喊一句口号或者请一位代言人这么简单。资产既有实物资产,也有认知资产和文化资产。它是可以持续获得收益的一系列资产。品牌在用户心里是个动态认知的池子,每一个新品、每一个营销和每一个购物体验都是一个持续不断加分和减分的过程。**只有通过不断创造产品和内容资产,才能逐步形成心智资产,在消费者心里完成心智预售。所谓念念不忘,必有回响,只要在消费者心中有独特的位置,就会产生购买和复购。

我们很难判断消费者购买决策是感性的还是理性的，因为每个人不是流量而是复杂的个体，也会很难了解他决策时的约束条件和驱动力，但可以肯定的是，消费者当时认为的价值大于其付出的成本才会产生购买。很多时候，品牌营销都是认知大于事实，很多牛奶品牌宣传的画面都是在蓝天白云下一望无垠的草原上，一头奶牛悠然地吃草，而实际的情况是奶牛大部分时间被圈养着吃食槽里的草料。**品牌建设的工作要创造用户的可感知价值，只有能被用户理解和认可的价值才会产生口碑、复购和转介绍，而复购和转介绍才是相比于流量、转化、销售额都要更本质的目标**。随着时间的推移，品牌慢慢拥有了知名度、美誉度和忠诚度，最后形成自身独特而有意义的品牌联想。很多时候，这种联想是一种动态的感觉，可能联想的是口感也可能是情绪，总之是一个其他品牌没有的，在功能和情感上独特的东西，体现在消费者脑海中出现的速度和容易程度上。**很多时候，品牌就是一种感觉**。

做品牌是人性修炼的过程，要始终聚焦于用产品创新去击穿用户需求，做远远超过竞争对手的核心价值点。这样才能建立品牌认知，才能形成身份认同和社交货币。只有在产品、供应链和零售等全产业链上做深做透，才能形成结构性优势。要始终向可口可乐一样的百年品牌学习，**只有跨越长周期才不至于沦为网红品牌，成为真正的长红品牌**。

Chapter Five

第 5 章

品牌如人

要想将品牌完整而立体的形象鲜活地呈现在消费者面前,我们可以依据人的特性为模型进行品牌打造。品牌如人,做品牌就是做人。做品牌的过程也是**经营品牌与人的关系,研究如何与消费者相处并与消费者建立紧密关系的过程。做品牌一切都要从人出发,回归到品牌能给用户创造的价值及传递的感觉。**

5.1 品牌如人,做品牌如同做人

在大多数情况下,用户想起品牌时就是一种感觉,并不是企业内部做得很复杂的"品牌屋"。品牌如人,将品牌比喻成一个人更有助于我们理解如何打造品牌。

1. 基因(创始人/品牌主理人)

人的很多特性是由基因决定的,品牌亦是如此。从品牌的角度讲,创始人或品牌主理人就是它的父母。创始人/品牌主理人**的经历、背景、知识结构和价值观等决定了品牌的基因,从而决定了品牌的样子。品牌首先是创始人人格的外化**。创始人擅长的能力决定了品牌是侧重于设计,还是侧重于技术研发,抑或是偏营销和销售。有的人做品牌是从内心愿景出发,希望让人们的生活更美好；有的人做品牌是从解决问题开始，消除生活里的痛点和不快；有的人做品牌是为了融资上市。有追求长期价值的也有追求短期回报的，目的不同，品牌的塑造路径自然不同。

2. 人设（品牌定位）

人设是人过往的经历、价值观和言行举止塑造的个人特征。它说明了一个人是谁，有什么成就和特点等。有很多人通过朋友圈、微博等各种社交媒体"立人设"。最典型的就是明星立人设，爱看书、天真、吃货等人设标签都是经纪公司制造话题和获取流量的方法。但需要警醒的是，如果人设与现实生活中的形象差距太大会有崩塌的风险。2022年有很多人设崩塌事件，给品牌代言带来了巨大困扰。**所以，人设一定要真实，要从真实的行为表现中提炼关键特质去强化，而不是虚构。**

品牌也会有自己独特的人设。华为的人设是"踏实肯干的技术男"，用户想起华为就会想起技术这个关键词。杜蕾斯的人设是一个"调皮的大男孩"，用户想起它就会联想到各种搞笑的段子。无论何种人设，只有做到言行一致和事事坦诚，才能与用户建立长久的信任关系。**品牌要做到知行合一：不说自己不相信的话，信自己做的，做自己信的。**

3. 人的身份和特质（品牌个性）

每个人都会有自己独特的社会角色和身份，如职场女强人、蓝领工程师、天才少年等。每个身份也会有其独特的特质，或知性、或吃苦耐劳、或聪明伶俐。

品牌也是如此，通过名字、形象和性格不断塑造出一种身份。崇尚创新进取的奥迪汽车让人想到的是一个商务精英；崇尚驾驶乐趣的宝马让人想到的是一个年轻新贵；维多利亚的秘密让人想到的是一个性感辣妹；万宝路则让人想到的一个男人味十足的西部牛仔。

4. 人的姓名（品牌名）

人的名字有好记的也有生僻的，有颇具文采的也有通俗接地气的，甚至还有父母想了很多寓意来起的名字，需要解释含义别人才能理解。

名字是最明确和直接的标签，用户是通过名字记住品牌的，也是通过名字完成电商搜索和口碑传播的。品牌名是最高频使用的词语，一个好的品牌名可以节省很多广告费。起名之后再改名换姓几乎是不可能的，所以一定要起个好的品牌名。

5. 人的形象（品牌视觉识别系统）

人靠衣装马靠鞍，人的衣着搭配是形成形象的关键。对应到品牌，形象包括品牌视觉识别系统（Visual Identity，VI）、产品形象识别（Product Identity，PI）和门店的商店识别（Store Identity，SI）等。VI 是指品牌的标志、字体、颜色及包装等视觉识别和设计系统。PI 是指产品造型、颜色、材质和工艺的产品识别和设计系统。门店的 SI 包括了店铺的空间设计、道具体验等品牌的终端形象识别系统。电商平台上的形象展示、门店、营销素材、店员和客服等一切用户接触点一起塑造了品牌形象。这些触点的一致性体现了"穿着搭配"的品牌调性以及品牌形象是否协调统一。

6. 人的言谈举止（品牌内容体系）

了解一个人，首先通过他的外在形象和穿衣打扮，然后是通过言谈举止进一步认识他。声音、表情和动作也都有助于了解一个人。

品牌营销中的内容就相当于人的言谈举止。正所谓的人以类聚，品牌"说话的水平"也决定了吸引的用户群体。相比"语言说的都是好听的"，如何去做的行为更为诚实，品牌的行为举止更是体现了品牌调性和价值观。

7. 人的经历和故事（品牌故事）

人的形象是由故事和经历逐步塑造的，品牌也是如此。有故事的人往往显得更有气质，人与人之间也是通过彼此的故事从陌生到熟悉。

同样，一个好的品牌故事和经历是更容易让用户记住的，同时故事也是最容易打动人心和产生情感共鸣的。创始人的故事、产品匠心的故事、与用户情感互动的故事等都能传达品牌的理念。

8. 人的灵魂（品牌核心价值/品牌精神）

每个人的价值观和精神追求不同，在人与人的相处过程中，会慢慢形成他人对你的认知和印象。

品牌的精神内核和价值主张则彰显了品牌区别于其他品牌的关键特质。很多营销理论侧重于强化品牌符号和口号来打造品牌的显著性，侧重于强调产品差异化功能来打造品牌的独特性。这些方法有利于品牌初期快速被记住，但是忽略了品牌的意义，会导致很难做成高端品牌。

品牌整体必须遵循人设定位，从形象、身份、性格到言谈举止的一次次不断强化、反复传播都是品牌建设活动。如果品牌行为紊乱，就像是人疯癫了，这会损伤品牌形象。每个品牌也都有自己的品牌边界，这就像对一个人的固定认知会形成壁垒不会轻易被打破，一个绅士不会满口脏话，商务男士也不会穿"椰子鞋"。每个人与其他人都不一样，品牌一定要形成自己独特的人设，只有鲜活、生动和立体的形象才能更深入人心。

9. 关键时刻

从品牌如人的角度来看品牌，还有一些关键时刻需要特别注意。

第一印象：每个人都会给别人留下第一印象，是沉稳内敛还是率性而为，是忧郁深沉还是乐观开朗，这些大多是在第一次见面时就形成的，而且后续很难改变。**品牌也是如此，一旦亮相形成了初印象，后续便难以调整**。它的性格和态度体现在品牌定位里，它的品位体现在页面的设计美感和产品的细节上。所以，品牌建设过程中形象要在原有的基因下不断升级，这就像是一个人长大的过程。品牌需要不断地给用户创造新鲜感和惊喜，这样才能始终如一、被记得、被喜爱。

优缺点：人都是有缺点的，但贵在真实和真诚。在人际交往中，如果两个人都只展示优点而不展示脆弱，永远是互相夸奖没有打趣和调侃，大概率很难成为真正的好朋友。现在是个信息透明的时代，品牌只有鲜活、有情感、有缺点才是立体的。

5.2　品牌三观

生活中人与人相处只有认知同频，才互相接得上对方的话，听得懂其中暗藏的典故和笑点，才能在精妙处会心一笑。对话是需要棋逢对手的。品牌与用户相处概莫如此。

1. 世界观

世界观是指人们对整个世界的看法和根本观点。**品牌的世界观是指品牌如何观察、感受和体验世界。**由于经历不同、观察问题的角度不同，每个人会形成不同的世界观。人的世界观要有广度和深度，很多时候我们说一个人去过多少地方、经历了多少事情和对事情认知有多么深刻，决定了他是什么样的人。

马斯克就是一个具有宏大世界观的企业家，无论做电动车还是发射火箭移民火星，他对品牌构建的广度是探索未来百年人类的发展前景。乔布斯虽已去世多年，他的理念却一直影响着当今的创新者和创业者，苹果的"非同凡想"（Think Different）也激励着人们为了改变世界不断创新。**他们创办的公司有着对疯狂创造价值的执着追求，对价值的理解更具广度和前瞻性，对用户也具备引领性。**目前，中国市值较高的是互联网公司、游戏公司、搜索公司或短视频公司。这些公司更多地解决价值传递和匹配链接的问题，对价值创造挖掘的深度还有提升的空间。

2. 人生观

人生观是指对人生的看法，也就是对人类生存目的、价值和意义的看法。人生观的形成是在实际生活过程中逐步产生和发展起来的，也会受到世界观的制约。

企业是社会的器官。一个企业有多大价值，取决于它解决了多大的社会问题，给社会和消费者创造了多大的价值。市值万亿元的企业多是解决了整个社会面的基础设施问题、提升效率问题和提高生产力问题。比如，华为搭建了5G的基础设施，阿里提高了用户和商品的连接匹配效率，让天下没有难做的生意。市值百亿元企业解决的大多是一个品类内产品的升级和迭代，让人们的生活更美好。企业**市值的大小在某种程度上就是企业当下及未来能创造价值的大小**。

3. 价值观

价值观是指人们在认识各种具体事物价值的基础上，形成的对事物价值总的看法和根本观点：一方面表现为价值取向、价值追求，凝结为一定的**价值目标**；另一方面表现为价值尺度和准则，成为人们判断事物有无价值及价值大小的**评价标准**。人们对事物的看法和评价在心中的**主次、轻重的排列次序**，构成了**价值观体系。价值观是决定人的行为的心理基础**。品牌的价值观就是品牌对于好坏对错的判断价值系统。品牌的价值主张、代言人选择、产品/营销/流量等优先级排序，这些都会体现在品牌的构建和运营中。

优秀的品牌往往一诞生就代表了一种符合时代需求的理念和文化主张。

在这方面，苹果是其中的一个典型品牌。

那个著名的广告《1984》是苹果推出的经典广告系列之一，虽然只有短短的一分钟，却造成了极大的轰动。当女运动员挥起铁锤砸碎屏幕时，就是向世人宣告，苹果推出了革命性产品。之后,苹果推出了第一台拥有鼠标可以图形交互的个人电脑并一炮打响。这也说明了新品牌在问世时,一定要有它内在的一种文化精神和价值取向的表达,甚至带有"掀翻"当前巨头的勇气。苹果的理念暗示了打破大公司的垄断技术,让计算机走进普通人的生活。后来乔布斯经历了被赶出董事会又回归苹果,他上任后制作的第一条广告就是《非同凡想》(Think Different),以此重塑苹果的品牌形象。他希望苹果品牌代表的是那些能够跳出固有模式进行思考的人,那些用计算机和生产力工具帮助自己改变世界的人。一分钟的广告里,大部分方案是由乔布斯本人亲自来撰写的。这些文案,让人能感受到品牌的内在精神和文化价值。

> 向那些疯狂的人致敬。
> 他们特立独行。
> 他们桀骜不驯。
> 他们惹是生非。
> 他们格格不入,
> 他们用与众不同的眼光看待事物。
> 他们不墨守成规,他们也不愿安于现状。
> 你可以认同他们,否定他们,颂扬或是诋毁他们,
> 但唯独不能漠视他们。
> 因为他们改变了寻常事物,
> 他们推动人类向前发展。
> 或许他们是别人眼里的疯子,但他们却是我们眼中的天才。
> 因为只有那些疯狂到以为自己能够改变世界的人,
> 才能真正改变世界。

总结一下,品牌的世界观是品牌如何看待这个世界,这决定

了品牌深远的意义，是品牌增长的底层动力。品牌的人生观是其存在的价值、意义和目的，目的不同会导致品牌的构建方法和成长路径不同，也决定了品牌增长的方式。品牌的价值观是其认为的价值排序，哪些是重要的，哪些是该坚持的，底线又是什么。品牌的坚持和取舍决定了品牌是个有明确价值主张和底线的人。

5.3 品牌五商

人有三商，分别是智商、情商和逆商，这是人的底层操作系统。当人遇到外部的"触发指令"，就会通过底层系统做出回应。

品牌人设 = 智商 × 情商 × 逆商

三者中任何一项为零则总分为零。例如，对品牌来讲，一次危机没处理好就可能带来致命的打击，所以提升综合素质才是最重要的。而每一个因子的提升也会给品牌带来叠加效应。

1. 智商

智商（Intelligence Quotient，IQ），简单来说就是人的学习知识能力和逻辑思考能力，用来衡量人的智力高低。

对品牌来说，**智商是资源禀赋的基础**。品牌要具备对自身所在专业极其强大的学习力和专业能力，通过自身优秀的技术和产品能力获得用户。智商代表了品牌的禀赋，这与初期的几个合伙人有较大关系。一个 90 分的人大概率只能招聘到 80 分的人，很难招聘到 95 分的人。所以创始团队很大程度上决定了品牌的能力圈。合伙人之间最好能力互补，对产品、营销和销售等能力各有侧重，这样才会有更健全的能力。

2. 情商

情商（Emotional Quotient，EQ）是人与人互动层面的能力。情商主要包括认知自身的情绪并能妥善管理情绪，同时认知他人情绪并能良好处理人际关系。

情商是品牌与用户相处的关键能力。全球媒体机构领导者凯络（Carat）在《2022品牌情商报告》中，收集了来自15个不同市场的1.5万名消费者对51个品牌的看法，让他们对品牌在情商各个方面（共情、自我意识、社交技能、内部动机和自我规范）的表现做出评价，最终得出在五项平均得分排在前20名的品牌。他们发现在过去10年，这20个高情商品牌的平均股价比一般品牌高出数百个百分点，而高情商品牌的股价表现比主要股指（如标普500和道琼斯30）高出500个百分点。这些品牌的"情商"普遍体现在：以人为本，无论是对消费者还是员工；行动中，始终坚守品牌宗旨，并与品牌文化相连；了解不断变化的用户需求并提出新思想；会"用情"，能与用户互动，与用户建立情感联系；无论科技和创新，都坚持人性化的一面。

3. 逆商

逆商（Adversity Quotient，AQ）是指人们面对逆境时的反应方式，即面对挫折、摆脱困境和超越困难的能力。它体现了人对周围环境的信念控制能力。

逆商体现了品牌的抗打击能力，也是品牌处理危机公关的能力，它决定了品牌能否成为长红品牌。

品牌的发展过程如同人生，会有起起伏伏。面对危机公关、业绩经营的低谷，抑或遭遇疫情等不确定性事件，如何渡过难关就体现了品牌的逆商。

每年都有很多品牌遭遇突发公关事件急需处理。以危机公关为例，最差的危机公关是应对后反而招致更大的负面反馈；合格的危机公关是应对后舆论逐步平息，企业平稳度过危机；优秀的危机公关是应对后，舆论从负面转为正面。此处，我们一起分析一个有趣的品牌危机公关处理案例：钉钉和小学生事件了。

2020年开学季，由于新冠疫情的影响，各大学校无法按时复课，于是教育部选用钉钉作为网课平台。一些小学生搞恶作剧，在各大应用商店给钉钉App打一分差评，让钉钉App惨遭评分"滑铁卢"，从高分应用直接跌至1.5分。根据应用商店的规定，若App评分低于1分，则会做下架处理。钉钉为了确保不下架，做了紧急事件回应。

由于要回应的对象是小朋友，钉钉的公关方式也进行了调整，在官方微博上发布了一个非常接地气的求饶视频，公关效果比正常道歉的声明赢得了更多的好感。又在微博上转发了B站上网友的吐槽视频《你钉起来真好听》；之后在B站上制作了视频《钉钉本钉，在线求饶》，通过搞笑、自黑和鬼畜的方式让学生们看得根本停不下来。最后，钉钉联合淘宝、天猫、支付宝和盒马等一众"阿里动物园"一起放低姿态求饶，不仅得到了学生们谅解，还跟大家玩到了一起，评分也逐步恢复了。

纵观整个过程，阿里自始至终都没有发布一篇非常正式的公关文，而是蹲下身用孩子的语气和学生们对话，用软性的话题和口吻博得同情，又成功用学生们喜欢的自嘲和鬼畜等形式和大家玩到一起。这不仅博得了同情，成功度过了下架危机，又强化了品牌个性，还通过此次传播造势被更多人知晓并扩大了下载量，一举三得。钉钉转危为安的操作可以说是高逆商和高情商的综合表现，既有临危不乱的最佳处理的高逆商，又有用户共情的高情商。

4. 美商

美商（Beauty Quotient，BQ）是指一个人对自身形象的关注程度，对美学和美感的理解力。它也体现了一个人在社交活动中对声音、仪态、言行、礼节等一切涉及个人形象的因素的控制能力。因为一个人的外表、妆容、服饰、谈吐、体态以及内在气质综合起来才是整体的美。品牌美商也体现在品牌与用户的一切接触点上，包括品牌自媒体内容、电商及店铺视觉、产品和包装形象等。

喜茶是一个非常懂设计美学的品牌，它的公众号内容大多是对茶文化、产品和时下热点内容的讲解，而且都极具设计美感，几乎没有广告。它定义自身的设计为新中式灵感。这种风格既不是对古人作品的临摹和复刻，也不是徒有表面和噱头的跟风，从形到神让中国风与现代文化融合，形成属于当下和未来的新鲜表达。

2022年喜茶北京新中关店开业，其设计灵感受到中国古建筑中屋檐的启发，从而将屋檐提炼为门店的设计语言。因为屋檐承载着很多奇思妙想还可以坐观天色，喜茶将"屋檐"搬到空间内做成了极具现代感的茶饮区，与玻璃幕墙营造的光影配合，给用户仿佛在屋檐下小憩喝茶的中式美好。这种对美和文化的理解不是为了美而美，而是捕捉文化的传承，探索中国当代美学。除了门店，喜茶的平面设计、包装设计也都充满了创意和美感。比如，它的平面海报会从《千里江山图》等古代名画中提取元素，将传统国画与现代设计巧妙融合。与百雀羚联名塑造阿喜和阿雀两个古代漫画人物来增加人们的记忆点，融入了上海地方文化的复古感和时尚感，碰撞成为街头一道亮丽的风景线。在喜茶的所有设计中，我们都能看到浓浓中国风，但不同于传统直接增加中国风元素的设计，而是重新诠释中国元素，给人全新的中式美学体验。

5. 品牌感商

品牌感商（Sense Quotient，SQ）是个人感知能力的指数，是衡量个人感觉能力高低的标准。在应接不暇的信息洪流中，很多时候理性计算的速度难以应对变化，需要依赖细腻复杂的觉知来快速做出微决策。万物有灵，所有生物都有自己对外链接的方式，视觉、嗅觉、触觉都是感知力的一部分。每一种动物都拥有独特的本领来增强与世界的联系，如猫、狗都拥有更强的嗅觉，蝙蝠、海豚拥有超声波感知力。而人类拥有语言后，与世界的联系主要通过语言和文字实现，这种进步的背后也带来了其他能力的退化。当人可以通过语言表达一切的时候，就会忽视很多其他维度的信息。人走在大街上，注意力会捕捉到自认为重要的东西，但也会忽视街上其他景色。**人，只会关注想看到的东西，也只会吸收他们想吸收的信息。**要想提升感知就要随时保持对他人的关注力，不仅包括语言，还包括他人的表情、眼神、动作、仪态等全方位的综合信息，从而感知他人的情感。品牌的感知力则在于对用户细腻需求和情感的敏锐捕捉。只有感知到当下人们内心深处的不安和焦虑、诉求和希望，才能写出打动人心的内容，做出打动人心的产品。通过理性分析的数据是滞后的，代表未来变化的往往是极其微弱的信号，需要打通五感，用心去感知，才能做到"心有灵犀一点通"。

5.4 品牌与人的关系

品牌需要始终思考如何更好地与用户相处和交往。人与人之间的关系按亲疏可以分为强关系、中关系和弱关系。强关系一般是同家人和最要好的朋友建立的关系。弱关系多指泛工作关系，同网友和一面之缘的朋友等建立的关系。介于二者之间的关系是品牌最适合开发的关系。虽然品牌打造的策略是强调做品牌即做人，但用户并不会真的把品牌当成一个人来看，故难以形成强关系，能达到中关系的品牌也是屈指可数。

建立关系要能帮助用户解决个体问题：我是谁以及我如何为用户创造价值。**商业的本质是人们就观念和行为所进行的物质和精神的相互交换以及相互塑造。交换和塑造都是给彼此创造价值。**无论是露露乐蒙定义的自信独立的超级女孩，还是苹果定义的改变世界的创新人士，抑或小米定义的"为发烧而生"的米粉，品牌都会给予用户一定的力量，并同这群志同道合的人共同相信、共同创造美好的生活。在建立关系中，有以下五个方向可以参考。

1. 安全感

传递给消费者安全感是品牌与用户建立信任的基础。产品本身的功能和品质一定要扎实，这也是用户基本需求满足的前提。绝大部分消费品首先要做到好吃、好喝、好用，这也是用户生活基本需求的解决方案。良好的产品品质是品牌的底线。物流、客服、售后、门店体验以及会员等一系列服务是信任的基础。品牌若出现严重的质量问题、很差的服务态度或者糟糕的购物体验则会摧毁用户的信任和安全感，导致一次事发，百次不用。

2. 优越感

让用户在使用产品之余感受到幸福感和优越感有助于建立品牌与用户之间的深度关系。每个人都有自己心中的理想生活，品牌在其中能扮演的角色可以是能提供品质生活的小惊喜，可以是成为用户拍摄分享的素材和彰显品位的谈资，还可以是"只有我自己才知道"的小心思。随着市场供给能力的极大丰富及信息越来越透明，美好生活的定义权已经转移到消费者手中。品牌要能给他们的身份构建提供素材，**帮用户寻求和建立自己所向往的身份状态，达成身份认同**。比如露露乐蒙通过定义超级女孩让用户通过身份确认决定开展怎样的生活方式。这种身份确认并非一定是符号化的品牌标志，最好是用更细致的品位差异、更丰富的风格搭配来实现。品牌应该让用户在自我愉悦的过程中自然而然地参与建设品牌和定义品牌的活动。

3. 归属感

用户通过消费与品牌建立情感联系，通过共同认可品牌的价值观拉近了用户的距离并形成了社群，从而引发归属感。现在的消费者更追求精神层面的共鸣，期待品牌为**个体提供独立性的解决方案，从求同转为更关注个体，让用户找到被关爱的归属感**。举个例子，泡泡玛特通过售卖盲盒 IP 产品形成了年轻人的潮玩社群，就给用户提供了新的情感归属。

4. 启迪

要想有持续的用户好感，品牌就要考虑像对待恋人一样对待用户。恋人之间要想一同追寻更深远的意义就需要互相启发、共同成长。品牌只有持续给用户新鲜感和观念上的新启迪才能让关系升温，品牌**忠诚度是要靠自身的能力来吸引的，而非单纯维护**。品牌联名也属于启迪的一种，类似于交朋友，朋友的朋友很大概率会成为朋友，联名的"朋友"有可能给品牌带来新的用户。联名最好的方式是两个品牌要有差异性和互补性，才能给用户创造"情理之中、意料之外"的新鲜感。

5. 情感共鸣

"丧""躺平"和"佛系"等词的流行代表了消费者对高节奏世界的暂时隐匿和放空。营销的核心目的是激发人们的情绪，无论快乐或悲伤、愤怒或恐惧，还是信任和厌恶、惊奇和期盼，通过激发情绪引导正确的观念。比如，对于"丧偶式育儿"，母婴品牌应考虑激发长期出差、缺乏陪伴的一方与孩子进行深度交流；对于"突击式尽孝"，关爱型品牌应引导子女认识到亲情不在于逢年过节的"突击"，更在于日常的陪伴；对于"咆哮式管理"，有观念力的品牌应告诫用户如何不用力过猛地评判人，而是激发彼此的同理心。大道理人人都懂，小情绪难以自控。品牌要屏蔽讲大道理的自说自话，敏锐地感知大众的情绪，先与用户共情再表达内容，否则精心制作的营销内容很可能淹没在信息洪流中。

品牌无论是与用户沟通和情绪共鸣，还是陪伴和启迪用户，都显示品牌与用户的关系越来越重要。今天的用户人设是自由的，定义权也在自我手中，不喜欢被别人定义。消费者的风格更加多变，即使穿家居服也会根据不同的心情匹配北欧风、日式风或新国风等不同的风格来表达。这不仅是对物质生活的一种追求，也是非常重要的自我对话的过程。

Chapter Six

第6章

品牌定位与品类战略创造高势能增长

在理解了以"品牌如人"的视角去构建品牌,用"品牌与人"的思路去经营用户关系的底层逻辑后,我们还需要制定可落地的品牌定位和品类战略。这是一个从做好品牌定位、起好品牌名字、制定品类战略到把品类品牌化的系统化体系。

品牌营销理论的发展有不同的流派。20世纪50年代品牌营销理论的代表是USP理论[一],它是在工业大生产时代下崛起的品牌营销理论。它所强调的是品牌要有一个独特的、区别于竞争对手的价值主张。之后又诞生了品牌形象理论,它强调要给品牌创造一个独特的品牌形象,与用户建立产品之外的情感价值。再后来就是大众熟知的品牌定位理论,它强调商业的战场不在企业内部而是在外部的用户心智。企业要不断地通过品类分化,在消费者心中占到一个有利的位置,从而形成从认知到认购的过程。在信息极度丰富的今天,消费者注意力越发成为稀缺的资源。强硬灌输式的营销已经不能满足今天的营销需求,关于品牌如何定位也需要新的思考。

㊀ 20世纪50年代初,美国人罗瑟·瑞夫斯(Rosser Reeves)提出USP理论(Unique Selling Proposition),要求向消费者说一个"独特的销售主张",简称USP理论,又称创意理论。其特点是必须向受众陈述产品的卖点,同时这个卖点必须是独特的、能够带来销量的。

6.1 品牌战略的核心：品牌定位

广告大师约翰·沃纳梅克（John Wanamaker）曾说："我知道我的广告费有一半浪费了，但遗憾的是，不知道是哪一半被浪费了。"这说明广告很难做到精准营销，如今进入信息碎片化甚至粉尘化的时代，营销的难度比过去更大。20年前，家里的电视只有二三十个频道，但今天的智能电视不仅有数百个频道，还有极丰富的内容让消费者随意选择。不止电视，移动互联网的新闻媒体和短视频上的信息，消费者每天能刷到的信息流广告也多达百个。信息爆炸、知识爆炸和广告爆炸带来的选择太多，而每个人的心智容量又是有限的，所以品牌必须清晰地梳理出自身能提供给用户的价值。

用户都是**用品类思考，用品牌来表达**。当消费者有一个需求想要买东西的时候，首先想到的是品类然后才是品牌。比如，人渴了会先想到买水，然后联想到买某个品牌的水。又如，消费者在查询信息时首先想到的是搜索，然后会想到用某个搜索引擎进行搜索。由于百度在国内几乎做到了品牌约等于品类，所以经常也会有用户用"百度"二字直接代替"搜索"这个品类。

品牌的定位不是围绕自身和产品进行的，而是围绕潜在消费者进行的。如何让品牌在潜在消费者的心中变得与众不同是核心战略。定论理论认为，任何一个组织存在的目的不在于组织本身，而在于组织之外的社会成果。当组织成果不在消费者的选择之内，也就是说如果用户有任何一个需求时没想到对应的品牌，那么这个品牌就会失去了存在的理由。

从营销心理学角度讲，认知大于事实。在可乐领域有一个小故事。可口可乐和百事可乐做口味盲测，第一轮是对产品的测试，比拼的是事实。采用的方式是让一群消费者在不知道具体品牌的情况下，盲测试喝两种可乐，结果大部分人认为百事可乐比可口可乐更好喝。第二轮是对品牌的测试，比拼的是认知。采用的方式是提前告知消费者哪些是可口可乐，哪些是百事可乐，结果大部分人认为可口可乐比百事可乐更好喝。同一批消费者，测试的结果却不一样。比起事实，人们更愿意相信他们脑子里的认知。这就是认知大于事实。在多次听到"农夫山泉有点甜"的广告后，大多数消费者每次喝农夫山泉的时候都会觉得确实是有点甜。所以，对品牌来讲，重要的是在基于真实的基础上塑造在用户心中的认知。

1. 做好品牌定位的两个关键点

第一，简化信息。简化到极致是以一词占心智，即让消费者想到品牌的时候会瞬时联想到一个关键词。例如，提起沃尔沃就会想起"安全"，提起小米会联想到"性价比"，提到京东购物能想到"当日达"的快递时效等。当然，现在也有一些模糊定位或者用户共创定位的品牌，但至少要唤起用户对品牌的一种独特认知。简化信息的关键是让信息进入用户心智，但不能是强硬的灌输。

第二，重构观念。重构不是凭空创造某种新的事物，而是在符合大众心理认知的基础上关联用户已经存在的空白认知。比如"怕上火喝王老吉"这个概念，"上火"就是消费者心里已经有的认知，被王老吉很好地做了关联。而九龙斋的酸梅汤主打去油解腻的概念不符合用户认知，因为大众对酸梅汤的认知是消暑开胃，而普洱茶才是去油解腻。如果换成普洱茶主打去油解腻的卖点可能更有效。

每个人都更愿意接受与以前知识和经验相匹配、相吻合的信息，并天然排斥和屏蔽一部分不匹配的信息，除非这是一个新观念。所以，当推出一个新品类的时候，告诉潜在顾客这个产品不是什么，往往比告诉用户这是什么更管用。比如汽车刚问世的时候，会告诉消费者这不是马拉的车；雪碧刚推出的时候，会告诉消费者这不是可乐；瑞幸咖啡刚出来的时候，会告诉消费者这不是星巴克，而是新零售咖啡；华为刚推出电视的时候，会告诉消费者这不是电视，而是电视的未来——智慧屏。小米做的平衡车是一个非常显性的新品类，它告诉用户平衡车不仅是一个代步工具，它更是年轻人的新玩具。甚至在消费者心里它变成了一个道具，骑着它就代表你是一个喜欢尝试新奇酷科技产品的达人，被人投来羡慕的目光也是一种社交货币。**工具、玩具和道具在用户心里的地位是不一样的，将产品的工具属性扩展到玩具和道具，往往会产生意想不到的效果。**

2. 品牌定位要解决的四个问题

（1）要厘清目标客户是谁，品牌能给其提供什么价值。客户画像决定了产品做成什么样子才能被喜爱，也决定了通过什么样的渠道去触达，以及如何去影响他们。每个客户群体都有不同的需求，核心用户群的画像越细分，越能帮助品牌聚焦靶心人群，进行精准定位。仅以年龄这个属性举例，如果客户是年轻人，产品就要做成小份的、高颜值的，在触达渠道方面应选择 B 站和小红书等年轻人聚集的新媒体；而如果客户是大龄人群，产品则要分量足，使用买赠等促销政策，触达渠道会偏电视、电梯等媒介。除了年龄属性，客户画像还应包括性别、学历、职业等属性。

（2）要对品牌有清晰的定位。清晰定位的前提是对核心用户价值的深刻洞察，同时需要研究清楚竞争对手在用户心中的强势地位和弱点，从而找到自己的差异化优势。例如，在江小白之前，几乎所有白酒的宣传卖点都以强调"喝了不上头"和历史悠久为主。而年轻人喝酒不再是商务宴请，场景变成了一人小酌和两三人的小聚。江小白采用了很吸睛的文案去调动年轻人的情绪，去捕捉喝酒之外的东西，从而找到了强势品牌的心智空白。**有人说年轻人不懂酒，江小白说做酒的不懂年轻人。成熟的人在收敛情绪，年轻人在释放情绪。**这背后就是对用户价值的理解。

（3）要给品牌定位一个明确的信任状，即消费者为什么会相信这个定位。传统明确信任状的方式很多，可以是悠久的历史、正宗的产地、明星代言、销量遥遥领先和权威背书等。随着消费者价值取向的转变，品牌营销更多地转向 KOL 传播和素人种草，品牌代言的方向变成体育明星、专业人士和 KOL 等。明星在被重新定义，未来在自身领域成为专家且传递正能量的人都可以称为明星。

（4）要对定位进行全方位战略规划，并通过匹配资源实现落地。只有统一内部思想和消费者沟通的内容，集中资源去推进品牌定位战略，才能在用户心中树立良好的品牌形象。

在品牌战场上还要明确自身的地位，根据所处位置的不同选择相应的策略。行业老大通常采取防御战，第二名更多使用进攻战，其他腰部品牌适合侧翼战，而新品牌可以通过建立对立定位的策略完成挑战。

作为领先者，品牌策略首选防御战。领先者不仅是规模上的领先，亦是用户心中的首选。对行业老大来讲，品牌已成为所在品类的第一，此时更需要的是通过多品牌或多品类延伸形成竞争壁垒。以宝洁为例，其针对不同细分市场推出不同的品牌，最大限度地获取市场份额。同样，华为曾推出互联网品牌荣耀来争夺小米、vivo 和 OPPO 所覆盖的年轻人群和性价比人群，而华为品牌则聚焦对标苹果、三星所覆盖的中高端人群。华为和荣耀的双品牌战略最大限度地获取了用户，其在中国的市场份额一度高达 40% 以上。

行业第二名适合采取进攻战，直面行业第一名的软肋。与老大的竞争往往需要"另辟蹊径"才可能实现超越，**与其更好，不如不同**。行业第二名应选取第一名的弱势区域，集中自己的优势火力从产品到营销进行全方位攻坚。以电商大战为例，京东发动的针对天猫的核心服饰品类的进攻战最终是通过构建更强大的物流和售后服务，实现了与天猫商城分庭抗礼。

侧翼战适合腰部品牌进行反超，比如抖音通过兴趣电商实现了对天猫服饰的逆袭。抖音电商的服饰、美妆类品牌在 2021 年销售额做到了天猫的 20%～30%。抖音用短视频和直播这种主动推荐的兴趣电商模式挑战了天猫的被动搜索的货架电商模式。同样，侧翼战也可以通过找到消费力更高或更低的人群，差异化的地域和渠道等空白点实现突破。甲壳虫也是以侧翼战取得市场成功的。在当年推出这款汽车时，品牌方画了一个大大的海报，在海报的左上角有一辆非常小的汽车，它强化突出了尺寸小和方便这一个卖点，最后一举收获了成功。

新品牌和挑战者进入市场时可以考虑使用对立定位的策略，即走到竞争对手的对立面进行重新定位，就有机会"推翻行业老大的统治"。换句话说，要想在用户心中建立一个产品的新理念，必须先打破或颠覆原有的相关观念或产品特性，才能从根本上动摇竞争对手的观点和产品。比如，江小白走到了主打历史悠久的传统酒品牌的对立面，通过重新定位年轻人喝的酒，从而让经典白酒显得老化，进而凸显自己才是年轻人适合的酒。

农夫山泉从进攻战到防御战

农夫山泉在 2000 年采用进攻战推出了天然矿泉水来打破当时瓶装水市场中纯净水的垄断格局。农夫山泉推出天然水的时候使用了实验对比的营销方案。首先是植物实验,将水仙花放置在纯净水和农夫山泉水中进行对比。七天后,纯净水里的花只长了 2 厘米,农夫山泉矿泉水里的花长了 4 厘米。一个月后,纯净水中的花根须重量不到 5 克,农夫山泉中的花根须达到 12 克,直接用数字说话让消费者更清晰地看到哪种水更好。此外,还有动物实验,给摘除了肾上腺的小白鼠在喂同样食物的基础上分别喂纯净水和农夫山泉水。1 周后,喝纯净水的小白鼠只剩 20% 存活,而喝天然水的有 40% 存活。通过简单明了的对比实验,农夫山泉建立了用户喝天然水更健康的理念,当年的市场占有率直接达到 20%,成为中国瓶装水第一品牌。

后来在 2004 年,康师傅发起矿物质水的价格战,作为行业老大的农夫山泉依旧选择通过实验的方式进行防御战。它们发起了一场水的酸碱性的测试实验,用 pH 试纸去测市面上所有的水,最后发现只有三四个品牌是弱碱性水。农夫山泉通过中央电视台滚动传播宣传弱碱性水更健康的卖点,又一次大幅度地提升了自己的品牌力。后来,农夫山泉持续宣传那句家喻户晓的广告语:"我们不生产水,我们只是大自然的搬运工。"持续夯实自己的领导者地位。

这就是一个先采取进攻战又转防御战,持续领先的优秀案例。

元气森林成功的秘诀:品牌定位

元气森林是一个典型的在巨头林立的红海市场中找到蓝海机会的标杆案例。市场上对其成功的原因有众多解读,但核心还是基于对用户价值深刻洞察做出的精准的品牌定位。

元气森林的定位非常直观地体现在卖点上,即0糖0卡0脂。这个卖点也是对竞争对手的重新定位,把巨头的饮料都推到了不健康的品类中。0糖的潜台词是"健康""不胖"和"抗氧化",但仅仅0糖是不够的,因为很多公司都推出了无糖版饮品,无法构成差异化。一个0不代表什么,3个0就远远增强了它的力量。其实,除了乳饮,所有的软饮料本身就是0脂的,所有0糖饮料也是0卡的,这在行业内部并不是什么新鲜的概念。但元气森林的成功在于第一次组合使用了0糖0脂0卡,这远比无糖饮料给用户传达的信息更准确有力。**创新往往并不是开天辟地的大突破,旧要素构成新组合也是创新**。元气森林的产品力、营销力等因素都是其成功的基石,但最核心的还是品牌定位的0糖0卡0脂的概念,由健康好喝的产品概念驱动品牌增长。这个概念提取的背后是对用户价值的精确把握,也同时将竞争对手放在了不健康引领的尴尬境地。

当然它还有一个好传播的品牌名。

6.2 如何起个好的品牌名

起名字之前,需要先了解用户心智的底层原理。**心智就是人们过滤信息、接收信息、处理信息和存储信息的方式和空间**。人的心智都是崇尚简单的、厌恶不熟悉和混乱的,而且是先入为主和不易改变的。在为品牌起名字的时候,我们就要考虑它的传播性,而不是凭空造一个只有自己懂的词。

品牌名字要独特且好传播、有辨识度,让用户能记住。**心智是靠耳朵而不是靠眼睛来运转的**。人在大脑中存入的图像和文字都必须先转化成声音,然后才能被记住。人在阅读文字时,书面用语只有通过大脑里的视觉转听觉机制,从文字转变成听觉的意义才能被人理解。这一点我们在默读文字时就已经深有体会了。**所以,名字一定要先符合听觉逻辑而不是视觉逻辑。品牌的名字最好是当用户对他们的朋友说起时能被轻松听得懂、记得住的词语,而不仅仅是看文字才能懂的词语。**

名字是品牌传递给用户的第一信息,是形成用户心智的第一接触点。一个好名字可以大大提高品牌的传播效果。怎样才是好的品牌名呢?答案很简单,**要极大地降低识别成本、传播成本和使用成本。**

1. 符合好的品牌名的五原则

第一,易懂。同样的一件东西采用不同的说法对倾听者来说理解难易度是不同的。比如,"苹果醋"就要比"发酵苹果汁"更容易理解。又如"小米"非常好记、好传播,但是"小米"因为是通用词语,所以在使用时必须加上品类名,即"小米手机",否则容易产生歧义。同样,荣耀手机也会面临这个问题,这就要在品牌传播初期要避免歧义。

第二,记忆成本低,要容易被记住。比如,在优信二手车、人人车和瓜子二手车三个品牌中,最容易被记住的是瓜子二手车,其次是人人车,最后才是优信二手车。从名字上就决定了三个品牌的记忆成本,从而决定了它们的营销传播成本。有些品牌花1元能被记住,有些品牌可能要付出10倍的传播成本。

第三,转述成本低,要很容易说清楚。很多品牌起名字会用生僻字,认为生僻字有非常多的寓意且能吸引用户的注意力。实际上,一旦用户看不懂,就会增加非常大的转述和解释的成本,从而增加了传播的难度。曾有一个餐饮品牌的名字叫"犇羴鱻",这三个字很多人都不认识,最终结局可想而知。

第四,搜索成本要低,要非常容易被搜索到。用户遇到一个不熟悉的品牌或产品,经常会上网查一下。如果品牌名字很难用手机打出来,那么消费者的搜索意愿就会大打折扣,甚至会因为搜索成本高而放弃购买产品。苹果品牌的英文名叫"Apple",因为首字母是A,所以它在通讯录里的排名非常靠前。有的品牌经常想用一些谐音,觉得用户联想起来一语双关,这也是典型的"自嗨",也会造成用户极大的搜索成本。

第五,形成记忆的符号,最好取自用户已经形成记忆的词。这个词要从用户心中已有的词去提取,而不是凭空造词。现在比较主流的是用动植物名字。像蚂蚁金服、菜鸟物流、坚果手机、豌豆荚等,这些是动植物的名字加上了相关的品类,让人一眼就知道它是做什么的,而且好记。使用动植物的名字还有一个好处,熟悉的动植物会给人一种亲切感。使用叠词让名字朗朗上口也是个好方向,如QQ、钉钉、脉脉、陌陌和探探。还有三个字的名字,如货拉拉、拼多多等也是非常易于传播的名字。还可以用一些习惯用语组合,如今日头条、我爱我家等。此外,数字加动植物名字,如六个核桃、三只松鼠等,用户也都能快速记住。

起名的方法有很多,**让用户看得懂、记得住、说得清、易搜索,它才是一个真正好的名字。**

2. 检验一个好名字的标准

第一,能不能马上正确地写出来。当告诉用户品牌名字的时候,如果用户可以马上正确地写出来,就说明这个名字的传播成本低,如三只松鼠、滴滴打车等。

第二，向别人转述时，别人能不能听得清，会不会产生歧义。前文中曾提到，名字要基于听觉而不是视觉，所以读起来能正确且快速地被理解是传播的前提。

第三，输入这个名字时是否需要切换键盘。如果是中英混杂甚至生僻字，那么用户输入名字就会比较麻烦。在今天的移动互联网时代，这样的搜索成本太高了。

第四，当用户第一次听到品牌名字时，能不能马上联想到品牌属于哪个品类，能解决什么问题。这个就可检测出名字是不是看得懂和会不会被消费者误解。比如，张兰女士最早做的俏江南，这个品牌名字乍一听像是唱戏的场所或者是南方菜，很难联想起来是川菜馆。她二次创业做的麻六记就很容易让人联想起酸辣粉。这也说明品牌名字不要与用户心智扭着，要符合大众认知。

确定了品牌名后，还有两点很重要：一个是**语言钉子**，即能够一词定心智，要有一个很好的代表品牌的关键词让用户能记住；另一个是**视觉锤**，即品牌要有一个象征性的独特的视觉符号。**从记忆的角度来说，差异化往往比美观性更重要**。例如，说起宜家，就会想起蓝黄色；说起可口可乐，就会想起红和白，甚至把可口可乐的罐子和标志打碎依然会联想到可口可乐。再比如，看到黄色大"M"型标志就会想起美味的麦当劳，这些都是把视觉锤做成了记忆符号。

6.3 品类战略：隐藏在品牌背后的力量

品牌竞争的本质是品类竞争。消费者在决定了品类的购买之后，才会想到该品类里代表性的品牌。所以说，**推动消费者购买的不是品牌，而是品类。品类是隐藏在品牌背后的力量**。

品类的形成源于人的心智。每个人在成长的过程中形成了对自己、对他人和对周围世界的认识。人的认识都是深受思维习惯、思维定式和已有知识的限制的，过往形成的既有认识就是**心智模式**。心智模式是难以改变的，它不仅决定了人们如何认识周围的世界，也影响人们如何采取行动。所以，无论是品牌起名还是选择品类都要符合用户的心智模式认知。心智随着时间和口碑的积累会形成**心智资源**。这就像说起法国，很容易联想到红酒；提起瑞士，很快会想起手表；说到云南白药，脑海中会出现消炎止血，这就是心智资源。所以，当云南白药有了止血这个心智资源的时候，去做牙膏等相关的品类就很容易被消费者认可。形成心智资源的过程，其实就是品牌资产形成的过程。所以，我们的品类和品牌要快速建立起自己的心智资源，同时最大化地提升在用户心中的**心智份额**。心智份额直接决定了市场份额。茅台的心智份额在高端白酒，这个心智份额有多大，茅台在高端白酒里的份额就有多少。心智处理信息的方式是把信息归类然后命名，最后存储在消费者的认知中。消费者在面对万千商品进行选择时，他们的心智会把信息归类成**品类**。

市场竞争的基本单位就是品类，品牌是品类的外在表现形式。茅台和五粮液的竞争，看似两个品牌的竞争，实际上是酱香型酒和浓香型酒的竞争。鲁花和金龙鱼的竞争看似食用油的竞争，实际上是花生油与调和油的竞争。

衡量品牌的价值有两个重要指标：一个是品牌在品类里的市场份额有多少；第二个是品牌所在品类的价值大小，未来的增长空间还有多少。这两点基本上决定了品牌价值甚至市值。

只有深度思考品类，才能建立起强大的品牌。**品牌是冰山之上可感知的部分，而每个强大的品牌背后都依托于一个具有前景**

的品类。几乎每个品牌的成功都是品类的成功，品类是隐藏在品牌背后的关键力量。这可以解释可口可乐这些年市值下降的原因，是碳酸饮料这座冰山在慢慢融化。而饮料类别中元气森林崛起的背后是健康饮料在快速增长。又如，当年红极一时的维维豆奶逐渐销声匿迹，是因为豆奶这个品类已经不存在了，而公司又没有抓住快速崛起的燕麦奶等植物奶的新趋势。不止饮料食品行业，包括耳熟能详的诺基亚手机、柯达胶卷都是当品类逐渐消失时，品牌也就随之消失了。这就是皮之不存，毛将焉附。

品牌衰亡的一个很大原因是品牌依附的品类市场在慢慢下滑，当品类下滑时单纯地挽救品牌是没有用的，企业只有不断地开创并引领新品类才是发展之道。苹果开创了 iPod 音乐播放器，用 iPhone 重新定义了手机，又做了 AirPods 重新定义耳机，不断地创新并引领市场发展。这才是品牌的增长之道。在做品类延伸时，需要确保该品类在公司的能力范围内，盲目地多元化拓展的结局往往都不是太好。茅台之前尝试过红酒和啤酒的领域，但是不同类别的酒的用户心智属性和要求能力圈差别很大，最后只能依靠买白酒送红酒来消化库存。同样的情况在家电领域也是比较典型的，格力电器一直是空调领域的专家品牌，在其推出手机的时候用户显然是不接受的。

理解了品类，还要理解品类背后的推动力量，即品类的分化。品类分化是打造新品牌的重要力量。比如，电脑慢慢地分化出个人电脑、台式机、笔记本和掌上电脑等，还会慢慢形成键盘、鼠标、显示器、移动存储等一个大的生态产业。酒店也是一样，常规的酒店会慢慢分化出套房酒店、汽车旅馆、公寓酒店、主题酒店等。汉庭酒店的崛起是打造了经济型酒店这个品类，用性价比和干净的卖点快速抢占了市场。

品类分化不同于市场细分。市场细分立足于市场，重点对现有市场和需求归类，满足现有消费者的需求。分化则是立足于心智，又叫"心智细分"，重点是研究潜在用户心智认知归类，目的是发现可能的新品类机会，从而创造新的顾客需求。所以，品牌首先要洞察新趋势，在新趋势下找到可能分化出来的**新品类**，然后成就**新品牌**。品类分化是品牌诞生的最佳方式之一。随着品类的发展壮大，曾经的"非主流"需求会达到可行的规模，这时针对"非主流"需求推出新产品进行差异化竞争，当差异化显著到形成认知区隔的时候，新品类就诞生了。

商业创新的本质是营销和技术创新的结合，最终实现品类创新。光有技术是不够的，我国很早就有了四大发明，但没有对其进行商业化。只有把技术和需求结合到一起，形成新品类，才能发挥出威力。**品类分化是打造品牌重要的商业力量**，这与生物学中的遗传+变异驱动物种进化是一个道理，自然界的物种也是经过分化和进化相互作用，最终得以成长的。

开创并主导新品类主要有以下四种方法。

第一种，用技术创新开创新品类。它一般分为颠覆式技术创新和利用旧技术重新组合创新。看一个新技术创新成功与否，就看它能不能带来用户体验的极大提升。较为典型的品牌是戴森。戴森的工程师们研发出空气倍增技术，这项技术通过环形孔加速让风力提升10倍以上，该技术最初应用于无叶风扇，开创出了一个新品类。后来，戴森又将此技术结合数码马达的新技术整合到电吹风这个品类。当时市场上常用的电吹风马达一般能做到2万~3万转/分钟，对于长头发的女性需要很长时间才能吹干，这会导致发质损伤。戴森研制了性能大幅提升的数码马达，将电吹风马达的性能提升到10万转/分钟，瞬间的大风力可以快速吹干头发且不伤发。这是典型的用革命性技术带来颠覆性用户体验提升的案例。

当然，革命性的技术创新往往是比较难的，**市场上大部分的创新是旧要素的新组合**。苹果手机就是依托现有技术去做品类创新的标杆。乔布斯在2007年的新品发布会上说："我今天要发布三个产品，一个屏幕可触碰的iPod、一个革命性的移动电话和一个突破性的互联网工具。实际上它们并不是独立的三个设备，而是一个设备，我管它叫iPhone。"iPhone就是iPod + phone + internet所形成的一个创新型的新品类。当下也有非常多的企业在应用旧要素的新组合去做创新，如2021年的网红产品添可洗地机。这款产品其实就是对吸尘、拖地和工具自清洁三个功能要素进行了组合。原来用户在做清洁时要先吸一遍地，再拖一遍地面，最后还要清理清洁工具本身。添可做成了洗和拖一次完成，产品可自清洁，打造了一个年销售额60亿元的大爆品类。

第二种，新趋势开创新品类。随着人民生活水平的日益提高，健康饮食对国民来讲会越发重要，元气森林所做的0糖0卡0脂的健康饮料就是抓住了健康这个大趋势，包括现在很多受欢迎的网红食品也都是主打有机的、低糖的新鲜零食。

"方便省心"也是当下消费者的需求趋势。以咖啡这个大品类为例：消费者之前喝咖啡首先考虑去星巴克这种专业的门店购买；后起之秀瑞幸咖啡让消费者可以通过外卖的方式更便捷地喝上咖啡；网红咖啡品牌三顿半利用冻干[一]咖啡的新技术，把咖啡浓缩到一个好看的小罐子里，打开直接倒水就可以还原一杯品质

[一] 冻干咖啡将液态制品冷冻及通过升华作用将冰除去而得，可以较好地保留咖啡原有风味。

接近星巴克的咖啡，让用户在出差时也可以随身带一罐在身上，随时随地可以喝上一杯纯正的咖啡。

第三种，开创市场里有但用户心智里没有的品类。提起袜子，很多人会想起浪莎这个品牌。浪莎是女士袜子的代表，男士袜子你能想起来什么品牌吗？如果很难，那么男袜就是一个市场上有但用户心智里没有的品类，就可能是一个潜在机会。当然，要找到市场上完全没有的品类是很难的，所以要去用户心智里找。汽车市场上有聚焦商务人士的奔驰和聚焦年轻白领驾驶乐趣的宝马，而沃尔沃开创了安全汽车这个品类，这就是一个典型的市场上没有但用户心智里才有的品类。

第四种，用对立开创新品类。江小白就是完全对立定位的典型。市面上大部分的传统酒瓶都是透明的，江小白用了磨砂瓶；传统酒是大瓶子，江小白就用小瓶子；传统酒瓶的颜色是金色的和红色的，江小白就用了蓝色的；传统酒聚焦年龄偏大的男士，江小白就主打年轻人。此外，宝马对奔驰也是对立定位，奔驰聚焦空间大、豪华和驾驶平稳，宝马就主打年轻人群的驾驶乐趣与奔驰分庭抗礼。

对立定位的关键是要找到战略性的对立面。对立面有很多，但是99%的对立面是战术性的对立面，而不是战略维度的。可口可乐有无数个对立面。比如，可口可乐口味单一，可以推出更多的口味与之竞争；可口可乐价格高，可以推出低价的可乐。但这些都是战术维度的对立面，都可以被可口可乐快速地弥补。历史悠久和传统经典是可口可乐的核心认知价值所在，针对它的传统进行对立，主打更年轻和潮流人群的百事可乐，就会让可口可乐非常难受。因为当它试图在这方面进行弥补时，就意味着在战略上要放弃自己多年积累的核心优势。**所以，有效的对立定位就是**

寻找领导者战略的对立面,也是寻找战略性的弱点,而战略性的弱点通常隐藏在它的核心优势背后。

6.4　品类品牌化的策略和方法

品类品牌化的策略是要打造一个品类品牌,确保品牌能够占据品类中最有价值的部分,最好能够代表这个新品类。品牌在推出新品类时,往往有两种选择:一种是启用新品牌;另一种是将老品牌延伸到新品类中。

在正常情况下,一个品牌在用户心中只能代表某一个品类。在衡量新品类是不是要推出新品牌时有两点值得注意:第一,已有品牌在用户心中是否与某一个品类紧密挂钩。如果是,那么推出一个新品牌更适合;第二,新品类所想覆盖的人群和价位段与老品牌的差异。如果价位段相差比较大,这时也建议使用新品牌。其中的典型代表蒙牛,开创了高端牛奶这个新品类,并使用了新的品牌名特仑苏。这个品牌定位就非常清晰,符合消费者的认知。其他行业也有很多类似的案例,如奔驰的高端品牌叫迈巴赫,海尔的高端品牌叫卡萨帝等。

新品类可以考虑使用新的品类名。品类的名字要通俗易懂,让消费者立刻就能理解这个品类的特色,如扫地机器人、平衡车、洗地机、鲨鱼裤、水牛奶、预制菜、湿厕纸等。这与品牌起名要独特是不同的,品类名无须太多创新,而品牌名要有创新。

1. 推出新品类时的注意事项

在推出新品类时,有以下步骤和要点要清晰。

首先,要定义清楚品牌的**原点人群**,即初期接受新品牌的用户。原点人群最好是高势能人群。比如 2021 年美股上市的美国新锐品牌 Allbirds，它推出了采用新西兰的美利奴羊毛、南非的桉树和巴西的甘蔗等环保材质的鞋。有人称它为"无标志的丑鞋"，但是它的第一批用户有谷歌的联合创始人拉里·佩奇（Larry Page）、苹果公司首席执行官蒂姆·库克（Tim Cook），还有美国前总统贝拉克·奥巴马（Barack Obama），这些高势能人群都是该品牌的忠实用户。这个品牌在中国很快风靡，成为"CEO 标配鞋"，通过高势能人群带动了普通大众纷纷购买。

品牌初期的原点人群最好是 KOL、重度消费者、专家或者年轻人等高势能的传播人群。

其次，要找到**原点市场和原点的渠道**。原点市场要一开始定位好，因为一二线城市和下沉市场的打法不同。现在很多新消费品牌会先把自己的核心渠道放到天猫或抖音，在电商平台上做到行业头部后再辐射到其他渠道。原点渠道也可以主做线下渠道。比如，王老吉聚焦的是火锅店和烧烤连锁店，元气森林通过便利店渠道实现品牌溢价。智能硬件的科技品牌还可以把原点渠道放在众筹预售上，通过众筹建立知名度后吸引其他销售渠道。如果是一个时尚潮牌，那么原点渠道还可以放在得物 App 等垂直潮流电商上去做突破。总之，品牌要先选择一个自己的核心渠道打透，形成势能后再辐射到其他渠道。

最后，要构建自己的**品牌势能**。把势能拉上去才有千钧之势，有一个好用的方法是建立关联认知，比如把店开到高端的商圈里。ZARA 刚起步时就把门店开到了美国第五大道上，消费者看到香奈儿、普拉达等一众奢侈品店旁边有一家店叫 ZARA，门店装修很时尚，产品设计得很有潮流感且价格实惠，就会忍不住走进去看看。真功夫也是把门店开到了肯德基和麦当劳的旁边，快速被大众熟知。

今天做品牌也是一样，**用户认知你是谁，很多时候取决于你和谁在一起**。推出新品类的策略都是为了一件事——形成用户认知，然后在用户心中成为该品类的代表。这是做好品类品牌化的不二法门。

2. 品类布局的参考事项

在品牌创立初期就要想好中后期的品类扩张策略。一旦初期规划不好，中后期很难弥补。因为品牌要持续增长，就要通过在品类内扩大市场份额和扩张新品类实现。如果品牌一开始做用户心智卷入度低的品类，后续再扩张时就很难去做用户心智卷入度高的品类了。通常，在确定品类布局的优先级时有以下七点可以参考。

第一，个人用品要高于家庭用品。比如，高露洁牙膏属于个人护理产品，它在用户的心理地位要大于洗涤、消毒类这类家庭清洁用品。如果高露洁做家庭清洁品，用户是大概率会买的，但如果一个做洁厕灵或消毒剂的品牌突然做了牙膏，大家就会难以接受。

第二，情感品高于功能品，因为情感产品的心理能量更高。比如，奶茶大于烘焙，如果奈雪的茶卖面包，用户大概率是会买单的，或者出于好奇心也会试试。但是，一个面包店要卖三四十元的新式茶饮，大家就要掂量一下是否消费了。

第三，前续品高于后续品。拿洗发来讲，洗发是第一步，护发是第二步。如果是一个洗发水品牌做护发，那就是捎带手的事。但如果是一个做护发的品牌要反过来做洗发水，信服力就不强了。

第四，高价品高于低价品。如果是通过做高端产品去覆盖低端产品，成功率相对较高。比如苹果的 SE 系列，特斯拉的 MODEL 3 系列都很畅销。如果之前一直是卖低端产品的商家转而突然要卖高端产品，那么难度系数将大大提高。这也是很多通过性价比起步的品牌后续想做高端产品都非常难的原因。

第五，摄入品高于非摄入品。如果做食品饮料，那么其对安全系数的要求要远远高于服装和玩具。比如母婴产品，如果先做了母婴服饰、洗护和辅食，覆盖吃的、涂抹的和贴身穿的三个最高势能的品类，然后降维延伸到纸尿裤、玩具车床这些生活品就顺理成章了。但是一个做纸巾的品牌去做奶粉就很难有人买账。

第六，他用品高于自用品。因为他用品不是自己用，在买给别人的时候会更为细心。典型产品就像母婴产品和宠物用品。生活里很多妈妈也会用宝宝的护肤品，因为宝宝用品的成分更安全，成人用也不用担心有原料成分问题。反之，成人的护肤品一般是不太能给孩子用的。

第七，大众品高于小众品。比如，牙膏和牙线，牙膏属于大众品，高露洁如果推出牙签或牙线产品，用户就很容易接受并买单。但是如果是一个做牙签或牙线的厂家做牙膏，可能就没有人会买了。

在多品类扩张时，品牌要充分考虑用户心智以避免踩坑。在从 0 到 1 切入市场时，品牌也要全局考虑后续从 1 到 N 的增长，否则很可能突破后没有了增长方向，品牌一旦"出街"再想改变用户认知就非常难了。

总结一下，品牌增长的背后是品类增长，抓住品类分化是增长的底层动力。然而品类也有衰亡的时候，所以品牌必须持续关注用户需求变化引发的新品类崛起。

6.5 品牌与品类变量：用户价值和用户场景

1. 从品牌定位向用户价值的转变

过去品牌定位理论的成功是建立在消费者信息环境相对闭塞

的基础上，品牌通过广告加上符合传播学的文案强行向消费者灌输卖点。当时，消费者获取信息的方式和购物渠道是分离的，消费者在看到广告后过了一段时间去线下购买时，再次看到对应的产品才会唤醒记忆产生购买行为。到了消费者信息极大丰富的当下，**信息传递取决于客户接收到的信息量，而非产品传达出的信息量**。随着用户对广告信息的天然免疫，品牌传播的难度不断加大。我们虽然讲了品牌定位，但未来的品牌更需要围绕如何给用户创造价值，通过创造差异化和独特的价值实现品牌认知和复购，这也诞生了很多商业新物种。

定位理论能让品牌把一个产品卖给更多的人，而用户价值创造是让品牌先有一群核心用户，然后给他们提供更多的产品和服务。很多成功的品牌都是既尊重理论，又在实践中超脱理论去创新，这背后的本质就是只有疯狂地给用户创造价值，企业才会产生源源不断的增长动力。

小米的成功是反定位理论吗

小米成功的核心是围绕核心用户不断做价值创造，增加米粉黏性。

小米手机在2014年登顶中国市场份额第一后，小米公司连续投资和孵化了100多个生态链公司，让小米的产品从手机辐射到周边配件、智能硬件和生活消费品等上百个领域，打造了数百个爆品。除手机以外的生态链产品的销售额在2022年接近千亿元。按正常的商业逻辑来讲，每个品类新上市都需要大量的营销去引导消费者，一个品牌想同时做好上百个品类是一个几乎不可能完成的任务。

小米成功的背后是始终围绕米粉创造价值。在小米商业模式的旋风图里原点就是用户。围绕核心发烧友用户，小米先做了手机的操作系统MIUI，当时的发烧友们都觉得系统很好用，随后小米再发布手机硬件时很快就获得了认可。手机成为爆品后，小米为了让用户买到价格实惠的手机，决定自建商城直销手机，去掉中间商赚差价。很快，小米商城实现了年销百亿元的业绩并积累了大量的用户。围绕这些米粉用户的需求，小米开始布局生态链去打造米粉的智能生活。

通常，品牌的做法是先有产品，然后卖给更多的用户。但小米却是典型的先有用户，然后卖给他们更多的产品，始终围绕核心用户的需求一步步去布局自己的软硬件产品和服务。正如小米发布会时常提到的："因为米粉，所以小米。米粉需要什么，我们就做什么。"小米的商业模式扩张是由用户需求驱动的。其增长来自认可品牌的米粉用户群的不断扩大，以及单客户购买的小米产品和服务越来越多。通过运营用户整个生命周期的价值，小米成为拥有上亿粉丝的用户型品牌。

2. 从品类定位到场景定位的转变

品牌的持续性增长往往来自三类策略：一是品牌高端化带来的客单价提升；二是多品牌、多品类的运作最大限度地获取市场份额；三是扩展新品类，收购和孵化新品牌。

这就预示着品牌要想持续增长就要从品类定位逐步到场景定位。让品牌不局限在某一个品类上，至少要围绕一个核心场景不受单品类的天花板限制。当只做某一个品类的时候，当品牌达到市场份额的瓶颈被固化在这个品类的时候，品牌本身的增长空间就会大打折扣。国内外目前市值高、增长快的新消费品牌大多是围绕一群核心用户或核心场景的定位来获取增长的。

蕉下：打造国内新中产女性首选的户外功能服饰品牌

2013年成立的新消费品牌蕉下是典型的人群和场景定位的品牌。从年销量突破10万支的一把"小黑伞"起步，在两年内成为遮阳伞第一品牌。随后，它围绕防晒场景快速布局防晒帽、防晒袖、防晒口罩等爆品，均取得了不错的业绩。在防晒场景定位获得成功后，蕉下品牌克服季节依赖，新增了保暖内衣、鲨鱼裤等冬季产品，将"防晒场景"进一步拓展到更具想象空间的"户外功能场景"。

在场景拓展之外，蕉下还以新中产女性为核心人群推出了智能家居品牌"饭来"，旗下的智能炒菜机器人给新中产女性居家做饭带来"大厨级"的保障；之后又推出了新中式养生品牌"允宝"，通过足贴、暖宫贴和肩颈按摩器给新职场女性带来体贴关爱。

对蕉下来讲，核心人群是固定的，围绕一群人的需求用不同的品牌覆盖1~2个不同的高价值场景，这样很多资源是可以整合和复用的，运营效率也是更高的。横跨这么多场景和品类在过去是难以理解和反常识的，但目前中国的很多新消费品牌，正在尊重理论又不拘泥于理论的创新之路上狂奔。

之前提及的Babycare也是围绕母婴全场景向新一代宝妈提供一站式解决方案，成为母婴新贵品牌；完美日记围绕"梳妆台"布局美妆、美瞳等多品牌和多品类。这些品牌都会给自己留有充足的增长空间和无限的想象力。

当下，新品牌的运作逻辑正在发生变化，多是围绕用户新场景、新需求去创造价值。因为从经营角度出发，维护一个老客的成本远远低于获取新客；让1万个人爱上你，远远好过10万个人觉得你还行。

拥抱趋势和用户变化，才能乘势而上；掌握这些新变化，才能持续引领消费者增加品牌势能，有了高势能才能持续增长。

第二模块总结

> **案例**

花西子打造东方彩妆高势能品牌

花西子作为新锐的国风彩妆品牌，成立 3 年累计销售额突破 30 亿元。2021 年"618"，花西子在天猫、京东、抖音和快手好物节彩妆类产品销售额排名第一。难能可贵的是品牌一直没有公开对外融资，没有通过巨额烧钱快速冲量，而是通过良性运营实现内生型增长。

1. 品牌如人：品牌全触点塑造东方美学

"花西子"这个名字以花为姓，西子为名，定位做东方彩妆。以花养妆讲的是花的概念，西子这个名字取自苏轼的诗句："欲把西湖比西子，淡妆浓抹总相宜。"品牌名字给人的感觉非常具有东方文化感。品牌标志的形状，取自古代的小轩窗。品牌色则是黛青色，同样取自东方古籍。字体是专门设计的花西子体，就连电商的店铺视觉都极具东方美感，品牌的全触点形成了独特的东方美学的品牌形象。

花西子在 2021 年推出的品牌虚拟形象也代表了其品牌特色，眉间美人痣符合东方审美，耳上莲叶装饰取自西湖，头发上一缕黛色是品牌色。花西子用这样一个东方人设定位的虚拟形象，通过她展示东方妆容的魅力，实现与用户共创和共同成长。

2. 品牌定位：开创并主导东方彩妆新品类

爆品会有兴衰，但有些品类是可以跨越周期的。东方彩妆聚焦于满足东方用户，这一点洞察是非常重要的。欧美人的妆容骨骼线条分明，注重凸显自我和张扬个性；日本人的妆容会更注重自然色底妆、重腮红，画完妆往往有元气满满的感觉；韩国人的妆容讲究自然，让人显得白白净净。中国人非常注重内在神韵，既要规避面部的缺点又要凸显气质，做到内外兼修。东方这个概念既根植于中国又不局限于中国，随着中国文化影响力的增强，辐射亚洲也是非常有想象空间的。

花西子围绕东方彩妆形成了自己的一套产品理念和产品开发逻辑。花西子建立了东方美妆研究院，把现代科技与古典中医相结合，聚焦研究具有东方特色的原料与配方研发。根据东方人的肤色，花西子研究花卉植物并复刻古方进行中药祖方的开发，以"内养肤、外养妆"相结合的理念去展现更美的自己，真正把东方文化融入产品。

花西子的爆品雕花口红，产品的外观用的是定窑的白瓷和微浮雕的两大创新工艺。定窑有天下第一白的美誉，它本身做出来的外观就会有凝脂美玉的高级质感。口红用72道微浮雕工艺进行雕花，致敬陶瓷的匠心。当然，它本身的功能和配方也是把文化贯彻其中。品牌坚持以花养妆，去复刻古代的配方，依托《本草纲目》等古方记载，把芍药、雪莲花、突厥蔷薇等花枝的精华融入唇膏，以滋养唇部。口红的朱砂色也是取自中国古代的经典色。以同样的方式，它们又做了童心锁口红、百鸟朝凤眼影盘和苗族印象系列等产品。**这样，花西子从原料配方、工艺材质和颜色、产品设计与体验的整个闭环都是基于东方文化的体系构建**

的，形成了自己的审美和研发标准，不受国际大品牌的话语体系和定价逻辑所裹挟，实现了自主定价的品牌溢价和东方彩妆的语境体系。

3. 品类策略：蓝海品类切入，产品迭代升级

中国彩妆消费群体将从2019年的1.43亿人增长到2025年的2亿人，市场增速明显。国际大牌多聚焦于眼部和唇部的彩妆产品，花西子从面部的散粉这个蓝海品类切入，摆脱百元以下价位段，定位中高端并通过杜鹃等符合自身品牌定位的KOL加持，快速将花西子散粉做成了爆品。随后，花西子将品类拓展到口红、眉笔等多个领域，在每个领域打造爆品，最后形成东方彩妆全系解决方案。

4. 圈层文化破圈，塑造品牌势能

花西子联合知名歌手周深了发行歌曲《花西子》，配合方文山极具东方美感的作词，与B站的国风圈等亚文化圈层实现深度交流；之后联合产品体验官一起走进苗寨，与苗族银匠饰人共创融合银艺于彩妆，做出了"苗族印象"的高定系列。这些传统文化与现代工艺的结合，正是当下年轻用户喜爱的内容，加上品牌持续探索陶瓷等工艺升级，跨界联名汉服品牌举办时装周，让品牌不断产生新的话题和内容，持续积累品牌资产。

只有创造流行才会有自增长。品牌不可能迎合所有人，需要有自己的一些"叛逆"精神，才能形成自身的"锐度"。花西子开创并引领了东方彩妆新品牌，同时通过品牌文化力塑造，**让文化+彩妆创造流行而不是跟随流行**。

据不完全统计，中国目前超过200年的企业不超过10家，由

此可见做品牌是一件很难的事。**在这个周期更迭、变量频出的时代，生存是企业的最高纲领，持续创新则是保持增长的最佳路径**。未来创新的路径一条是像特斯拉、戴森一样用技术突破持续创新，从供给侧进行技术升级去提升用户体验；一条是像露露乐蒙一样从社会和文化角度去创新，重新思考企业作为社会组织与个体消费者的关系。当然还有苹果这样的企业走在科技和人文的"交叉路口上"，不断给行业带来新的变化。

新时代的品牌最核心的两项工作就是价值创造和价值传递。价值创造是给用户在功能、情感、社交等各个维度提供实用的、可感知的价值；价值传递是通过营销、运营和渠道准确地把品牌价值传递给目标用户。品牌是认知，产品是事实，品牌的势能需要产品、营销、销售和组织去支撑。

第三模块

微观
——产品力、营销力、渠道力与组织力支撑品牌势能

产品要创造和引领需求，找到用户需求的最大公约数。营销的本质是诠释和选择性增强，要找到多数人的共识。寻找人们忽视的美好，唤起人们内心的力量。一切用户接触点都可以被称为渠道，渠道的本质是提升用户触达效率。一切产品皆内容，一切内容皆渠道，一切渠道皆品牌。

本模块解决的问题：

1. 如何对产品进行精准定义？
2. 为什么说产品做之前就要先想好怎么卖？
3. 为什么说内容策略是1，媒介策略是1后边的0？
4. 品牌如何进行全渠道布局，最大限度地实现增长？
5. 使命、愿景和价值观是虚的吗？为什么说组织力是品牌增长的隐性支撑力？

第 7 章

产品新思维：产品即内容，做有灵魂的产品

产品力是指产品对目标消费者的吸引力，是一个产品团队综合市场、用户、技术、设计、生产、渠道等各要素能力，协调各方资源做到的产品最优解。

市场上有很多爆品方法论。比如，要做极致的产品，只有做到 120 分才算极致的产品；产品是 1，其他都是 1 后边的 0；做好就一定能赢得市场，酒香不怕巷子深；好产品要用最好的原料和最新的技术，努力做到性能和体验远超同行等。但任何理论都不是万能的，都有它的应用边界。即使有过爆品成功案例的产品经理也无法保证下一个产品一定还是爆品。爆品是天时、地利与人和的综合体现，既受限于内部的运营、技术和供应链的配置，又受外部市场和用户需求变化等诸多因素的影响。

产品规划、产品定义、内容策划、产品设计和体验都是打造产品力的关键环节。产品经理是其中的关键角色。1927 年第一位产品经理岗位出现于美国宝洁公司，标志着产品经理角色在企业中的重要性日益凸显。**每个产品人都应该清楚，产品首先是给自己的，只有自己真的热爱、真的用心，才可能做出好产品。拥有用户既是目的也是产品经理价值诉求的终点，而不应该是证明能力的手段。**如今有技术背景的人并不稀缺，但真正懂用户的人还太少。所有技术都是最终要为人服务才有价值。

从产品规划、定义到设计和体验的全部动作都只有在产品哲学的统一之下才能发挥效力。苹果公司的产品哲学是用科技和人文来赞美生活，它的所有宣发都是以人为中心去亲近自然、仰望星空，让人们觉得苹果公司帮助他们实现更美好的生活。苹果公司没有单纯地从科技角度看产品，因为缺少了人文的视角会使科技显得过于单薄。苹果公司的产品决策从来不是"我能做到什么程度"，而是"我需要做到什么程度"。它的摄像头不是像素最高的，很多技术也不是最前沿的，它把产品作为一种手段，让产品给人们的生活增加乐趣。**产品是手段，人是目的，技术是中立的，一切以可感知体验作为技术价值的判断，让技术隐藏在产品的背后。**

很多时候，产品人容易带有一种自我视角，会追求功能越多越好的"炫技"，而忘记使用产品的人是谁。创造用户价值的核心是同理心，同理心不同于同情心，有同情心的人考虑的是，如果我是他，遇到他经历的事情我会有什么感受；而有同理心的人考虑的是，如果我是他，遇到他经历的事情他会有什么感受。同理心需要设身处地地共感和共情，能将心比心地把用户换成自己；能体察自我和用户的情绪和感受；能听到说者想说，能说到听者想听；能以对方感兴趣的方式，做对方认为重要的事情。**视人为人是做好产品的前提。**

不同的用户对功能、颜值、价格等的偏好是不同的。所以，做产品要根据用户和场景的需求做取舍，既不能做成什么功能都有的"瑞士军刀"，导致产品没有核心点；也不能一味地采用最好的材料，导致成本和售价居高不下。追求极致也是有限度的，因为爆品推出的时机非常重要。如果品牌过于理想化，一直打磨产品不上市，因此错失市场时机被竞争对手取得先发优势，后面就很难再追赶了。还有些过于超前的技术会导致良品率低，难以大规模生产和商业化，或者技术过于新潮导致用户不买账，这些都是做产品经常出现的坑。**产品既要引领消费者，但也不能过于冒进和超前，很多时候领先一步是"先驱"，领先两步就变成了"先烈"**。做产品要综合用户需求、技术和供应链等因素做取舍，做到现有条件下的最优解。产品做出来后，现实情况是酒香也怕巷子深，没有好的营销、渠道和运营能力，也很难成为爆品。

7.1 产品赛道的选择与产品定义

1. 三环定市场：找到切合自身的新增长市场

三环模型是通过**"想做的、该做的和能做的"**这三个维度进行分析并从中取交集来确定市场的方法，如图 7-1 所示。

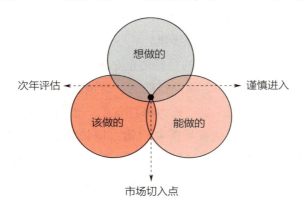

图 7-1 评估待进入市场的三要素

（1）想做的：契合公司愿景中描绘的目标。这是一切创新和增长的原动力。如果做一件事只考虑商业获利而不符合公司的愿景，那么大概率是很难长久的。任何一个领域，必须是品牌核心主管发自内心热爱才有可能成功。要想进入食品领域，只有发自内心地喜欢研究食品才会迸发出创新想法，并不断探索找到最优解。如何找到自己的兴趣呢？**当你发现自己做一件事情不厌其烦的时候，那么它大概率就是你的兴趣所在。**

（2）该做的：要充分评估用户是否有需求，这件事是否符合市场的发展趋势。**要用动态的眼光、从用户的视角看问题，这样才会找到什么是市场真正需要的。**比如一个老牌的家庭清护品牌，它就会惯性地考虑做什么功能的洗衣粉。如果用动态的用户眼光去看市场，蓝月亮就是创造了洗衣液从而取代了洗衣粉而大获成功的。随着短视频和直播平台的崛起，小巧好用的洗衣凝珠快速火爆起来。用户只需要将它轻轻丢进洗衣机，不沾手而且除菌留香更方便。一颗小小的珠子相当于洗衣液＋柔顺剂＋留香珠，完美地解决了传统洗衣液使用时经常倒多和步骤烦琐的痛点。所以，产品要成为用户的一个解决方案，最重要的是要洞察用户的需求在哪里，市场在哪里。

（3）能做的：最重要的是评估企业自身的能力。它包括企业的组织能力、产品能力、供应链能力、营销及运营能力等，甚至包括资金和资本。如果这些能力都具备了，企业就可以考虑进入新的领域。企业的长线发展需要"第二增长曲线"，但很少有企业能做出第二增长曲线，原因有二：一是大部分企业的第一曲线还未做到卓越便贸然启动第二曲线导致资源分散而失败；二是企业没有充分评估自身的能力就贸然行事。企业只有在自身擅长的领域去尝试，成功率才会高，而且尝试的过程要匹配充裕的资源。新增长业务的孵化初期需要耐心、资金和组织资源，很多企业的失败是由于现金流无法支撑到第二曲线做出来。

品牌应通过想做的、能做的和该做的交集来充分评估市场。

如果分析出来的是想做的和该做的交集,但是不能做,说明这件事暂时超出了企业的能力范围,就需要等能力健全了再评估是否去做。资源对任何公司来说都是有限的,贸然拉长战线可能带来新的风险。

如果这件事是想做的和能做的交集,但是不该做,那么这大概率不符合市场发展趋势,此时需要谨慎行事。只有找到既是符合愿景的,又是市场该做的和能力上能做的三者之间的交集,才能发现真正的市场切入点。

只有当满足自身有愿景、能力能匹配、市场和用户有需求这三个维度,才是值得进入的市场。

2. 产品赛道的选择

产品开发之前的赛道选择,以及对产品功能规格和价值的定义基本决定了产品能否成为爆品,因为它解决的是**做正确的产品**。而后续的产品设计、研发和制造等都是**把产品做正确**。做产品要先有正确的方向,才不会出现在错误的方向上持续努力的悲剧。

目前,新消费品牌的崛起通常是选择**大市场中的蓝海细分品类**。市场足够大就说明用户需求已经得到了充分验证,而且只有大池塘才能养大鱼。找新赛道最怕的是需求不是刚需或者不充分,新品牌的销售额做到几千万元就不增长了,这对团队信心是毁灭性的打击。如果这时再换赛道,前期的沉没成本是巨大的。当然也可以选择像美瞳、扫地机器人等全新品类,虽然没有庞大的母市场,只要找到符合未来需求的发展趋势也能获得高增长。而且这些全新品类初期体量足够小,暂时**不会被巨头或者竞争对手盯上**,能给品牌初期提供发展空间,而且这种具有高速成长型的新品类往往会在市场中逐步蚕食其他存量品类。彩妆就是一个渗透率逐年提升的全新增量品类。彩妆品类中份额最大的是眼部和唇部的彩妆产品，新锐品牌花西子则是从空白细分品类散粉切入的，主打面部彩妆产品，把散粉从一个小众品类做成了大众品类。企业在推出新品类或小众品类时需要把握好节奏，最好在用户需求有一定密度时推出，过早和过晚都会影响爆品增长。

品牌在做**赛道选择**时要对所在品类的市场是**增量市场还是存量市场**有充分的认知。比如，服装就是一个相对的存量市场，其中运动服饰就是个增量市场，因为过去很多商务装都在慢慢转为运动休闲装，而且对比美国服饰市场中运动服饰占三分之一的市场份额，国内目前只占十分之一的市场份额，有非常大的想象空间，所以运动品类的代表品牌安踏、李宁市值都突破千亿元，远远大于男女装品牌的市值，这也说明了**品牌的价值很大程度上取决于背后所依附的品类**。进入新品类的时机同样重要，最好的时机是在品类切换期进入。比如电视也是存量品类，中国的4亿多户家庭平均8～10年换一次电视，所以年销量近些年一直维持在5000万台左右，但是智能电视就是电视大品类中的增量品类，它会逐步蚕食普通电视。小米就是在功能电视和智能电视切换的窗口期，以人工智能电视这个高势能品类切入，用四五年的时间成为中国电视市场份额的第一名。同样的情况还出现在智能手机替换功能手机、轻薄笔记本取代传统笔记本、电动牙刷取代传统牙刷、新鲜零食取代传统零食等。

小米是一个在多品类取得成功的品牌，它拓展品类的逻辑如下。

（1）通过手机建立高势能心智和核心用户群以及销售渠道。

（2）第一圈层的产品是通过手机带动移动电源、耳机等手机周边配件的销售。这是利用手机热度实现连带销售，是成功率最高的品类拓展。

（3）第二圈层的产品通过物联网技术用手机智能控制带动智能家电、灯光、安防等设备的销售。这是通过智能场景实现品类拓展。

（4）第三圈层的产品是利用品牌热度、粉丝黏性和渠道连带拓展行李箱、毛巾和牙刷等生活消费品的销售。补充高频产品的同时也对冲了科技产品更容易爆发质量问题的潜在风险，让整个产品体系结构低频＋高频相结合，使其更为健康和稳固。

与此同时，小米按市场特点选择赛道的逻辑如下。

第一步：进入蚂蚁市场，即缺乏寡头的离散型市场。插线板领域虽然有公牛但是占整体市场份额不超过20%，80%被其他小厂分食。这类市场的成功要义就是找到"牛刀"团队来降维攻击。

第二步：进入定倍率（售价/成本的倍数）偏高的、效率偏低的市场。比如，2014年空气净化器的市场均价在3000元以上，小米以699元的价格杀入该领域，销量一路领先，带动了空气净化器品类的快速普及。同时，单款年销200万～300万台，极大地提升了供应链效率。小米空气净化器的代工厂是全年无休地组织生产，效率远高于只有冬天才开始工作的竞品工厂。同时因为SKU数量少，单款量又足够大，所以成本也远远低于竞品。

第三步：进入国外渗透率高、国内渗透率低的市场。比如电动牙刷，在欧美的渗透率达到50%，而在中国的渗透率不到5%，也就是品类理论上有10倍的成长空间。而且竞争对手多为飞利浦、欧乐B这些国外品牌，它们对国内市场反应不足且价格动辄上百元。米家电动牙刷售价199元，刚上市就爆火，单款销量很快突破年百万台。

第四步：进入品类有寡头但是竞争对手不强的市场。比如电视机市场虽然有几家巨头，但是据不完全统计，行业头部企业的研发人员数量也不超过500人，且传统巨头对互联网电视的软件体验和内容不具优势，所以小米进入后在电视机领域四五年做到了国内第一。

第五步：进入有寡头且竞争对手较强的市场。比如空调、冰箱和洗衣机等白色家电领域存在格力、美的和海尔等巨头，像空调的压缩机等核心技术需要研发重投入，并且对服务和维修要求高。这类市场往往需要较长时间去攻坚，是小米智能生态的最后一场战役。

小米的赛道选择逻辑是清晰的，每个品类内的产品规划也是优先选择中高客单价产品，再辐射较低客单价产品。比如电饭煲，小米先发布对标日本高端饭煲售价999元/台的IH压力电饭煲，获得成功后再补充售价399元/台的IH电饭煲和199元/台的小饭煲。小米的性价比不是便宜，而是在与大牌同样好的基础上更实惠。同时坚持在每个品类内做单品爆款，用少而精的SKU在提高效率的同时也能降低成本。

每个赛道的选择也都要考虑自身情况，小米进入赛道的定位都是成为**品类杀手**，也就是做到接近国外大品牌的品质，但是价格是国外大品牌的1/10～1/5。品类杀手尤其适合研发投入不重的品类，性价比优势更容易凸显。当然进入新赛道也可以选择苹果或者特斯拉的逻辑，也就是一开始先推出高价值单品来塑造高势能品牌，这样的好处是在获得成功后，还可以推出价格更便宜"SE版本"。高价值品牌的难点在于需要有突破性技术和体验来引领行业，这样才能带来品牌溢价。

3. 产品定义

品类确认后，爆品的**产品定义**同样重要。

打造单款爆品的优势在于单品的销量大能形成规模效应，提升整体运作效率，但需要强大且精准的产品定义能力，要求是产品定位精准、功能精准、定价精准。大多数公司并不具备精准的产品定义能力，往往会选择使用多 SKU 进行风险的平摊。**乔布斯、张小龙等人都崇尚少就是多的简洁哲学，在产品定义时往往在做减法，让产品的优势足够突出，而不是做一个没有长板的"水桶机"。**

小米手环就是一个典型的极致爆品。在定义产品之前需要想清楚：目标用户是谁？用户的痛点和需求是什么？产品具备什么功能才可以满足用户的显性需求和隐性需求？定什么价格可以达到销量和利润的最优解？

小米公司在做手环初期进行了细致的市场和用户调研，发现国外知名品牌 Fitbit 手环具备来电提醒、定制腕带、手电筒和高清屏幕等很多功能，导致售价近千元，难以普及。而大部分用户在实际使用时并不需要那么多专业的功能，他们需要的只是计步数、测睡眠和设闹钟等少数几个高频核心功能。所以小米 1 代手环砍掉了用户不太关心的 80% 功能，降本后直接将售价做到了79 元/支。甚至连屏幕都砍掉了，因为调研发现，当时智能手表和手环真正难以普及的一个重要原因就是一两天就要充一次电，而去掉屏幕可以让手环续航达到 1 个月以上。同时为了提高产品的使用频次，小米在不增加成本的基础上做了手机解锁功能，用户佩戴手环就可以实现给小米手机、笔记本等设备直接解锁。

小米手环通过精准的产品定义直接成为年销千万量级的大爆品（见图7-2）。

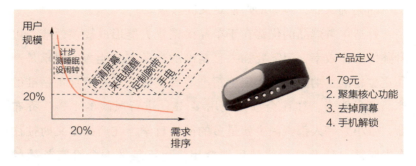

图7-2 小米手环产品定义

随后，小米在2代手环中增加了屏幕，并实现了心率监测、血氧浓度监测等新功能，价格也提升到149元/支。所以，产品定义也是一种平衡和取舍，既要考虑市场和用户需求，也要看当下的技术条件，做到始终领先用户一步，同时也要给后续的产品持续迭代升级留出空间。如果小米1代的手环就做了屏幕，在当时的技术条件下，成本会骤增的同时续航能力也会大幅下降，能否成为人手一支的爆品就犹未可知了。

小米插线板也是一个经典的产品案例。要想做艺术品级别的插线板就要能放到桌子上既不占地方又好看。最后，小米的工程师把插线板做到宽只有41毫米、高26毫米的极致尺寸。整机只有铅笔盒的大小，可以轻松装到包里出差携带。除了弹簧和螺丝，小米插线板内部的器件几乎全部都是自主研发的，而且制造过程都是按照手机的标准以0.1毫米来不断调整优化的，就连消费者看不到的插线板内部的结构也是极度规整的。当时小米的工程师对供应链的要求是色差要接近零，因为如果色差一旦超过

2度,用户在买2个白色插线板时就能非常明显地看出色差,由此可以看出小米对工厂近乎"变态"的质量要求。正是这种把"自己人逼死,把别人逼疯"的极致精神,带动了整个行业的进步;正是这种"变态"的要求,才可能使产品出来的第一天就卖了25万座,上市两个月销量就突破百万座。这款产品还非常人性化地加了三个USB插口,这也是产品经理敏锐地洞察了用户的新需求的优秀设计(见图7-3)。

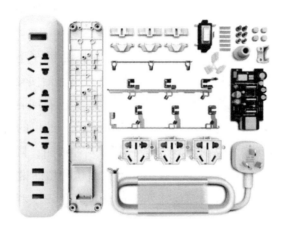

图7-3 小米插线板产品定义

广泛、普遍刚需的基本款产品更容易成为爆品。基本款不能简单地以性价比来理解,而是要基于当下甚至更久的未来,大部分用户都认可的好产品的角度来理解。打造爆品就是要找到用户需求的最大公约数,而这个需求最好是隐性需求,既可以是功能需求,也可以是情感和文化需求。优衣库就是通过做满足80%用户的80%需求的基本款爆品,让它真正成为日本人心中的国民品牌。另外一条更难的路是像苹果、戴森和特斯拉一样做高价值爆品,这就需要产品本身具有"不可比价性",这个不可比价可以是通过自研芯片、关键器件、软件系统和核心专利技术等形成自身的独特优势，像苹果的自研芯片和操作系统就打造了不可替代的用户体验。

对普通消费品来讲，**定价在很大程度上决定了产品定位，价格是由价值决定的，是受成本和供需影响的。这个价值既可以是功能层面的，也可以是情感和人文层面的。**泡泡玛特的盲盒创造了情感价值，年轻人通过湖绿色眼睛和金黄色卷发的小女孩茉莉（Molly）获得了内心的自我投射。它的价值对应消费者的心理账户，这与普通功能产品完全不同。

奈雪的茶和喜茶在 2021 年主推的霸气油柑在小红书被大量种草，宣传具有抗衰老、"刮肠子减肥""窜稀治便秘"等神奇功效，加上它入口先是酸甜，再是苦涩，最后还有回甘，这种独特的口感让这款饮品迅速出圈。供需影响价格，油柑的价格在 2021 年也翻了四五倍。以前只有广东一带有人种油柑，随着各大奶茶店油柑茶的广泛推广，多个省市开始大面积种植油柑。

另外，新品类崛起需要技术上的微创新，石头科技通过激光雷达导航的新技术让扫地机器人实现了路径规划功能，打造了单品年销 10 亿元的销售神话。由此可见，一个微创新技术和市场需求结合就可以带来高速的增长。

要在场景中打造产品。低度女士酒是典型的从场景中找到切入点的案例。相比于男士在烤串时配啤酒，很多女士其实根本不在意喝的是什么，她们更在意喝酒时的情调和氛围。她们喜欢在有音乐的地方喝酒，同时注重酒具的调性，也喜欢有蜡烛或优雅的灯光，如果能加点甜点和香薰就更能烘托氛围。所以，低度女士酒崛起的关键不是酒精度数低。啤酒的度数也很低，但大多数女生不喜欢喝。低度女士酒之所以受欢迎，是因为女士在入睡前喝它有微醺、减压和助眠的效果。产品添加一些果味,如柠檬味或菠萝味等可以让产品既好喝又有氛围感。从本质上,低度女士酒真正的竞争对手是饮料。整个低度女士酒崛起的背后其实就是新场景的崛起,让喝酒小白也能快速融入派对,让消费者在小疲惫和小烦闷的时候能随时喝一杯,晚上一个人也可以放松一下,这些都是一些新场景的新机会。

新世相孵化的睡眠用具品牌"躺岛"是一个生活方式品牌。它推出的猫肚皮枕的外观设计就像是一只大橘猫摊开了肚子,消费者躺在上面就像躺在柔软的猫肚皮上一样舒服、放松、治愈。作为一个超大号人体工学枕头,不管在上面怎么翻滚,枕头都能稳稳地托着脖子。近期,它又推出一款毛茸茸、暖呼呼的科技新品——熊抱被。在外观上,被子上两只手的图案如同温暖的熊在拥抱着你;此外,熊抱被的被芯和被套都富有保暖科技感,让消费者在被子里能亲身感受到熊抱的触感(见图7-4)。躺岛还通

图7-4 躺岛的熊抱被产品图

过被套底部的温暖落脚设计、大面积充绒、窄距绗缝等一系列工艺，使熊抱被更加保暖。产品传达出一种可以与你"来个熊抱，一起冬眠"的理念，产品自带的情绪让冬天不再孤独寒冷，带来慰藉人心的温暖与治愈。

7.2 营销前置：有内容的产品才有价值

虽然产品是在做价值创造，但只有让市场能接受、用户能感知的价值才算得上是真价值。所以，在做产品规划和定义的过程中，如何营销也是在这个阶段要进行的前置思考内容。在很多组织中，产品部门在闭门造车做产品，营销部门在产品开发的后期才介入，针对产品的卖点进行上市"包装"。在这样的流程下，一旦产品销量不佳就会出现两个部门互相指责的踢皮球现象。

新消费时代下，一切产品皆内容，一切内容皆渠道，一切渠道皆品牌。 产品本身要具备传播性，要有能做成优质内容传递产品价值的功能点。随着短视频平台和直播平台的兴起，很多消费者是在刷抖音的时候看到了有趣的产品视频，产生了购物需求后直接下单购买。这让内容本身成为销售渠道的一部分。无论线上店铺还是线下店铺都是品牌的外化，渠道中呈现的视觉、文案、产品和场景本身又都是品牌的外化。

品牌在投入营销的时候，要把钱花在给用户创造价值的事情上才会更长久。提出"**社交货币**"概念的乔纳·伯杰（Jonah Berger）说：如果产品和思想能使人们看起来更优秀、更潇洒、更爽朗，那么这些产品和思想自然会变成社交货币，被人们广泛讨论。

喜茶就是由内容部来主导营销工作的。花西子也专门设置了首席内容官，它的苗族系列银饰产品就是从"种子内容"开始规划，把产品开发和营销策划合二为一，还邀请知名主播作为首席体验官共创苗族银艺工艺。这些都是在产品开发之前规划好营销推广的例子。

新锐咖啡品牌三顿半把产品和内容结合得非常出色，在产品开发之前就做好了营销规划。速溶咖啡的整个产品构成非常简单，即咖啡和包装。

先说咖啡。作为最核心的产品部分，三顿半主攻解决用户的痛点，并在问题解决的同时自然而然地生成了可以营销的故事场景。咖啡市场里高端的现磨咖啡口感好但耗时耗财，传统的速溶咖啡，风味不佳且品质有限。三顿半产品基于这两类产品的痛点，采用冻干咖啡技术实现了无须搅拌、三秒即溶，能够最大限度地保留咖啡的风味，其产品在口感、新鲜度和甜度方面接近现磨咖啡，又满足了用户可以随时随地来一杯咖啡的需求。咖啡有不同的喝法，可以兑冰水、热水、燕麦奶和牛奶等，不同液体之间产生了很多种花式新喝法。三顿半引导用户共创喝法就是"内容的预埋"，这也让大量的 KOL 和关键意见消费者（Key Opinion Consumer，KOC）自发地宣传产品。

再说包装。好的产品营销一定要有非常高的"成图率"，也就是用户拿到产品会拍照转发朋友圈的比率要高。三顿半的产品包装设计独具一格，采用了 1~6 号不同颜色的小罐子，高颜值又极具辨识度和传播性。罐子上的数字 1 号到 6 号实现了从 30% 浅烘焙到 100% 超深烘焙的差异度。三顿半每年开展两次"返航计划"，是基于咖啡包装的咖啡空罐回收的环保活动。用户可以通过小程序预约，然后前往各城市的返航点用咖啡空罐兑换物资礼品。三顿半会将回收的罐子再利用，制成新的生活周边产品。用户兑换的物资包括常规物资、奇迹物资、现磨咖啡和公益物资，每一季都有不同的主题和IP故事线来引导用户共创和传播活动。目前已有12万余人参与了返航计划。

产品规划除了基础系列和数字系列咖啡，还有隐藏的0号城市系列、7号云南系列、与精品咖啡馆合作的大师联名系列、季节限定款、产地原茶以及线下限定款等。三顿半咖啡用不断尝试的风味探索和拓展，增加了品牌的热度。

三顿半咖啡既有产品创新和喝法共创，还有用户深度参与的返航计划，完成了品牌理念传达、用户黏性提升、社交营销种草和线下引流等多个动作，真正做到了营销前置，产品即内容。

7.3 产品设计与用户体验

在产品开发过程中，优秀的产品设计和体验设计能给产品注入灵魂。如果用户在使用产品时能体会到品牌一些细致入微的设计"小心思"，就会有一种与品牌对话的感觉，从而产生惊喜感和超预期的口碑。

一个好的设计是自然不突兀的，凸显产品"气质"的；

一个好的设计应该是有家族传承的设计语言的，一看就是"一家子"的；

一个好的设计应该是有细节的，即使在用户看不到的产品背面也同样用心；

一个好的设计应该是充分考虑技术、工艺和成本等约束条件的，做当下的设计最优解；

一个好的设计应该是能抛开说明书的，老人和小孩也能快速上手使用的；

一个好的设计应该是能解决问题的，不是表面浮夸的，而是实用的。

狭义的设计包括品牌形象系统、产品识别系统、设计造型、CMF（颜色、工艺和材质）设计、人机工程和用户体验等。广义的设计已经不仅仅是一个技能，而是捕捉事物本质的感知和洞察能力。设计的本质也是一种信息传达，无论一个海报还是一个产品都在传递信息，并给人以力量。高远的设计能将生活的意义通过制作的产品予以解释。好的设计往往具有大众能接受的审美，背后又有巧妙的"小心思"，让人产生一种"设计也可以这样"的感觉。**以用户体验为核心是设计战略，可以贯穿于企业战略、产品和营销全流程，在企业运营的方方面面都能指导工作。**

设计本身是一种思维。英国著名健康果汁品牌 Innocent，又称"戴帽果汁"，主打百分之百的鲜打原果无添加果汁。Innocent 在 2003 年与英国为老人服务的慈善机构 Age UK 联合推出一项特别活动，即每年秋冬向社会募集一些能套在果汁瓶盖上的"小毛线帽"，并在随后的 1~2 个月内上架戴着帽子的果汁。每卖出一瓶 Innocent 就会捐给 Age UK 相应的善款，以此改善当地老人的生活状况，特别是用于改善取暖条件。这个创意设计得到了用户的广泛支持，为此 Innocent 还专门举办了每周的最佳帽子评选活动来激励用户。在善意和童心的驱动下，活动首年就收集到了两万顶小帽子，截至目前已经有千万顶各式各样的小帽子戴在了瓶身上。由于帽子都是手工编制且每顶帽子各不相同，这些形状各异又花样百出的小帽子引发了与"盲盒"类似的收集热情。每年冬天戴着帽子的饮料上架时，有收集爱好者会专门去超市抢购自己喜爱的款式（见图7-5）。一些造型特殊的小帽子被炒到百元以上的交易价格。在其他果汁都在包装设计上挖空心思的时候，Innocent用"大爱小帽"的设计摆脱了传统的包装设计，成为货架上最亮眼的存在。2021年，Innocent销售额已经超过40亿元，成为欧洲最大的思慕雪品牌。它让品牌、产品和营销融为一体，实现了真正的价值创造。

图7-5　Innocent终端货架产品图

7.4　产品变量：打造跨越周期的爆品

从产品层面讲，第一个变量是**产品属性扩容**。比如，最初的雨伞只有防雨的纯功能属性，消费者根本不在意它的颜值是否好看。后来的雨伞增加了防晒功能。再后来，雨伞不仅要做到晴雨两用，还要做出时尚感和轻便感。上一代的消费者也许只需要一把挡雨的伞，新一代的消费者需要的则是时尚单品；上一代消费者穿拖鞋不硌脚就行，Z世代需要的则是上班也能穿的拖鞋。上一代消费者穿内裤主要关注纯棉材质，现在的消费者需要的则是无感标签的舒适感。上一代消费者穿内衣是为了性感悦人，现在的消费者穿内衣是为了舒适悦己。**产品在功能属性之外，还要有**

对外的社交属性和对内的心理属性。社交属性是给别人看的，心理属性则是为了自身的自信和愉悦。

第二个变量是**用户圈层化**。很难有一个产品能满足所有人的需求，这就让爆品分化为"苹果型产品"和"榴梿型产品"。所谓苹果型产品就是指满足大众广泛普遍刚需的产品，销量容易做大但难以产生高利润，主要依靠薄利多销来获取利润。而榴梿因为独特的味道使得它注定只能被一部分群体接受，喜欢的人甘之如饴，不喜欢的人避之不及。榴梿型产品是指针对一个特定的圈层用户进行专属设计的产品。榴梿还有一个特点就是贵，当然对应的毛利率也很高。始祖鸟聚焦的户外类别产品就是属于这种类型。它的价格首先就会让很多人望而却步，从而形成了自身的圈层门槛，它的外观设计让不喜欢的人觉得又老气又贵。但真正喜欢的人会觉得产品非常专业且功能性强，设计简约低调且品质好。

第三个变量是**爆品的生命周期缩短，跨周期的难度大**。随着供给的极大丰富让用户的选择也越来越多，每天都有很多新概念的产品层出不穷，这让一个产品的生命周期大大缩短。这也意味着塑造经典的跨周期产品的难度也越来越大，需要在产品力上挖掘更深的价值。国货护肤品牌薇诺娜是近几年在天猫排名前十的护肤品牌中唯一的国货品牌，其核心竞争力就是专门针对敏感肌肤来做功效性护肤品。其产品定位是用"药妆"的理念降维做护肤，这就塑造了产品的高势能。定位敏感肌肤人群看似切入的人群范围较小，但从生理学和药理学的维度打造的产品更有深度，能引发泛敏感型人群的关注和使用。产品定位看似窄，实际上辐射的人群很大，这就如同婴儿的护肤产品，成人也可以放心使用。所以，品牌需要深挖用户价值，在科技和文化的加持下寻找跨越周期的技术赛道，做跨越周期的大单品。

第四个变量是**科技和文化正在成为产品新的驱动力**。科技在产品属性变化中也发挥着重要作用。华为已成为中国最大的表厂。曾几何时，手表、皮带和西装是男人的门面担当，充斥着国外大牌奢侈品。但随着技术的进步，通过手表看时间的功能早已被手机取代。由苹果引领的智能手表革命，让手表变成了手机屏幕的延伸和健康监测的工具。用户可以用它对房颤等心脏疾病进行监测，还能通过血氧浓度检查健康状况。**手表从一个时尚配饰变成了科技时尚配饰，科技本身已经变成了新的时尚**。随着各种科技的日益迭代，很多产品都有被再次定义的潜能。

同样，文化也在慢慢地渗透到产品之中。以往没有品牌会把汉字印在服装上，甚至很多中国品牌还会选择使用英文标志，请外国人代言甚至把公司注册到海外再将产品返销国内。但是现在新国潮来袭，中国李宁将其品牌的四个中文大字印在了衣服正面并在巴黎时装周走秀；元气森林、奈雪的茶也从日系风格的文字改成汉字。故宫、敦煌的 IP 联名随处可见，穿汉服上街也不再被视为"异类"，百雀羚、回力等百年品牌重新成为潮流。

Chapter Eight

第 8 章

营销新打法：内容营销与媒介策略

如果说产品力体现的是价值创造，那么营销力体现的就是价值传递。营销要把品牌和产品的价值以恰当的时间、恰当的方式传递给恰当的人，并以消费者能接收、可感知为衡量标准。营销的背后是信息学、心理学和行为学等综合学科的体现。营销需要对用户需求有准确的判断，对用户生活的痛点和诉求有深刻的洞察，才能提炼出用户价值，而不是制造营销噱头。随着新媒体的发展，消费者接触信息的方式也发生了巨大变化，对营销的要求也进一步提高。做好营销的前提是像做产品一样生产好的内容，只有好的内容才能在信息粉尘化的环境中引起消费者的注意，而不是制造噪声。在一套完整的营销方案中，传播的内容是 1，媒介的组合是 1 后面的 0。做好内容是前提，然后通过恰当的方式将好的内容以指数级放大，传递给目标用户。所以，先有好的内容策略，再有好的媒介策略，才能做出好的营销。

8.1 内容即产品：做有情、有趣、有用、有品的内容

品牌提供的产品、服务和内容应该是一体的，不应该只关注打造爆品，也要关注自身所在品类和场景上新内容的创造，为消费者提供新的知识、新的体验和持续丰富的边界拓展。**好的内容**

应该符合以下四个特点：**有情、有趣、有用、有品**。

1. 有情

内容要有情绪，因为情绪可传播。传播量最高的信息，往往都是通过某种社会情绪来放大传播。从微博早期最火的内涵段子到微信公众号初期流行的情感鸡汤，再到抖音短视频时代的爱国视频、社会热点和热舞的俊男靓女，流量之下的底层原因都是因为信息是选择性传播的，带有某种被放大的情绪是最容易引发共鸣和传播的。**观点和理性就像被放在情绪的火锅里涮的菜和肉，而作为麻辣锅底的情绪则是起决定性作用的**。依靠走心文案畅销的江小白，洞察了**喝酒也是一种情绪表达**。小聚、小饮、小时刻、小心情是江小白针对年轻人传达的四小场景，这些场景的背后就是它对用户情绪的撩拨。"吃包辣条来思考人生"的卫龙也是用走心的文案与年轻的学生交流，而且吃辣本身就是一种情绪的宣泄方式。

这个案例并非来自消费行业，但有很多亮点非常值得借鉴。近几年，现象级的营销广告片无疑是后浪三部曲——《后浪》《入海》和《喜相逢》。其中《后浪》先后被《人民日报》转发了七次，全网点击量超过 8000 万次。整个营销事件最大的成功之处就是击中了大众的情绪，迅速成为广泛讨论的社会议题，同时能激发出不同观点和评价的对撞，从而形成更大的声量。

营销广告片的第一个亮点是目的明确。品牌广告的目的首先是增长，是要能为销售服务的。《后浪》的目的是通过营销破圈获取大众对 B 站平台的认同。B 站拥有非常稳定的年轻受众，每 5 个年轻人中就有 1 个是 B 站用户。这次营销的目的是要争取更广泛的人群的认可,让网站更主流化。所以,营销方案整体的定位是"有克制地增长",既想对现有用户做沟通,又想引发与90后思想更接近的人群的共鸣。"后浪"代表的不仅仅是生理上的年轻人,更是心态年轻且富有正能量的泛年轻群体,是平台自身能覆盖的最大人群。

营销广告片的第二个亮点是对自身的认知清晰。B站不同于抖音、快手和知乎,它自身最核心的定位是**流行文化发展平台**,具有文化解构和重塑的能力。B站的UP主把很多的专业内容变成大众都能理解和学习的有趣内容。所以,《后浪》的文案中写到"把传统的变成现代的,把学术的变成大众的,把民族的变成世界的,把自己的热爱变成一个和成千上万的人分享快乐的事业",把平台的价值很好地传递给了目标用户。

营销广告片的第三个亮点是情绪和立场清晰。B站永远站在年轻人的立场上,是最懂他们的人。宣传片在情绪塑造上既有前浪对后浪的"恭维",又有树立大家**"共同的敌人"**的小心思。《后浪》一开始的台词:"那些口口声声说一代不如一代的人,应该看看你们。"从心理学的角度,这是在告诉受众,我们有一个共同的、很难战胜的对手。而当共同对抗同一个敌人的时候,人和人的关系会变得更为紧密。很多品牌都用过类似的手法。例如耐克的"只管去做"是对抗不作为,苹果的"非同凡想"是对抗平庸,这里蕴含的情绪都是高涨而强烈的。

除了内容亮点,B站选择《人民日报》作为首发的媒体平台也是此次营销事件的重要亮点。这个媒介的选择使得整个宣传片不仅触发了对个体的情绪点,还引爆了社会的情绪点。一直以来,《人民日报》的价值观都是宣传年轻人是国家的脊梁,配合五四青年节这个时间节点发布,让《后浪》的传播量得到了指数级增长,"后浪"这个词本身也一举成为2020年的年度热词。

在注意力稀缺的时代,只有让用户先产生共鸣,才能引发情绪的共振。只有激发集体情绪,才会有社会共鸣。纵观多年来互联网传播的引爆案例,多半都与集体情绪共鸣有关。互联网传播是去中心化的,要想在去中心化的传播中引爆,首先要让用户与传播的理念产生同频共振。**品牌营销首先要让内容有情绪,因为情绪可传播。有了传播才能改变认知,认知才能产生增长。**

2. 有趣

有趣的内容才会让人有观看的意愿。有趣的营销内容最好是"意料之外、情理之中"。比如,泸州老窖与气味图书馆香水的联名,配上文案"美酒本身就是一种香水"。这个联名的产品出乎人们的意料,让人开玩笑地猜测喷了这个香水会不会被查酒驾。用有趣的文案融合品牌人设和产品特点,一直以来是杜蕾斯品牌曝光的助推器。杜蕾斯一直扮演着"顽皮少年"的角色,在它收购美赞臣奶粉的时候,大众都非常好奇其收购目的。它的回答是:"那些没有被我们挡住的小孩,我们负责养大!"

有趣的传播内容会让产品本身成为可以谈论的话题。产品要想成为有强大传播力的社交货币,最好的方式就是自带话题,而且这个话题还能为分享者的形象加分,证明自己见多识广、幽默、有品位、有爱心等。

3. 有用

品牌不是在卖东西,而是在帮用户买东西。没有用户在意品牌本身有多牛，用户关心的是用了这个品牌的产品后自己能获得什么好处。所以，有用的内容要从利他主义的角度去叙事。其实用户的价值感来自购买过程及使用过程，所以研究买点比卖点更重要。用户买的不仅是产品，更是买产品后带来的满足感。营销要通过对用户有用的内容、有价值的场景把用户购买后的美好感受表达出来。

今天的用户对套路化、生硬的广告已经无感。有用的内容是指持续刷新用户已有认知的内容和超越用户意料的内容。好的营销不在于去表达产品的技术有多么先进、产品有多么厉害，更在于用户能够感知到的"人话"。品牌沟通最重要的就是要**确保眼前有人，而非自说自话**。内容输出时要想象眼前坐着你的用户，要对着这个用户说而不是对所有人说。前几年比较火的明星综艺节目已经出现疲态，反而是《奇葩说》、脱口秀和喜剧大赛等节目在给观众带来新鲜、刺激感的同时，还能给观众带来新的认知和有用的观点。中国有嘻哈的"保持真我"精神得到了大众的认可。怼（Diss）+抱怨（beef）的即兴创作（Freestyle）能力成为新的嗨点，即兴+实时+拼接营造出了新的观感体验。在当下，反套路、即兴和原生的内容更受欢迎。

另外，深度垂直的内容往往能带给用户新知识，尤其是冷门知识、刷新常识的优质内容。很多B站的科普达人都是靠"边缘知识"走红网络，还有知乎上的小众科普帖、经验帖在探讨一些有深度的生活内容。有用的内容会诞生**新专业主义**，像色彩搭配师、闻香师、酒店试睡员和游戏陪练等新兴领域的KOL会采取对用户有用的内容将品牌进行"软植入"，在以用户喜闻乐见的方式创造用户价值的同时，顺便做了广告。

4. 有品

品位创造圈层，圈层建立的背后是用户的身份认同和文化认同。品牌出街的内容代表了自身的品位，这背后需要捕捉时代的意识。 10 万 + 的文章、微博热搜、火爆的综艺和电影的背后都会透露出社会情绪和文化意识。很多新锐品牌已经开始做播客营销，因为年轻人现在喜欢更为走心、少些套路的原生内容。年轻人旅行的意义也发生了变化，从过去的"买买买模式"变成了有品质和深度的文化游。比如，旅行的同时当志愿者，从环保和儿童发展的角度观察当地的居民生活等。这背后是人们获取快乐的方式发生了变化，不再是单纯的娱乐，而是从有意义的付出中获得快乐。所以，**有品的内容要具有深刻的前瞻性洞察和品牌自身独特的高级情趣。**

2021 年，蕉内的三部曲《女生的反义词》《底线》和《周冬雨的基本款》在三八妇女节、五四青年节和 618 三大节点连续上映，彰显了品牌以基本款为入口，做一个服务中国家庭的生活家居品牌的雄心。《女生的反义词》的文案洞察了用户习以为常，但从没在意的生活细节：

袜子的反义词是什么？

是不掉跟的袜子。

一双袜子的反义词是什么？

是一双分左右脚的袜子。

这种袜子的反义词

是另一种袜子。

每个习以为常的事物

都能找到反义词……

品牌通过这样激发好奇心的问答文案，用堪比电影的高级感视觉，让用户对习以为常的事物产生思考。这个营销广告大片通过反义词的形式，用比较强化了自身的卖点，彰显了每个人都要为自己的审美负责的价值主张，也挑战了上一代基本款的地位，同时强化了自身重新设计基本款的品牌定位。

文案通过反义词的类比强化了美好、积极的生活态度，希望帮助人们解决生活中目之所及的痛点，体现了让生活变得更美好的愿景。与此同时，它也提出了美的反义词是平庸，女生的反义词是对平庸审美习以为常的人。蕉内希望和女性站在同一战线上，呼唤大家一起为审美负责。整个片子的文案、视觉和价值主张都彰显了品牌的高级品位和对生活的深度思考。

内容的"情、趣、用、品"法则可以最大限度地调动用户的感官，创造有情、有趣、有用和有品的内容，构建自身的表达体系。围绕人的需求去做内容，通过找到需求共鸣的最大公约数打造爆款内容。这个需求可以是功能，可以是情感，也可以是文化和价值主张。

营销要符合目标用户的**语境**。现在很多品牌丧失了与年轻人对话的能力，还有一些品牌则是一味地贴合年轻人而忽略了自身的身份和定位。语境和沟通能力的丧失就是品牌老化的开始，也会让品牌离年轻人渐行渐远。与年轻人对话，先要了解他们说话的方式。

年轻人为什么聊天爱用表情包？因为表情包的背后是年轻人

更为丰富的内心世界与更加错综复杂的社交语境。它比文字更能精准且简洁地表现丰富又难以叙述的内心戏。一个"透着贫穷的微笑"体现了种草又买不起的心酸；一个"弱小无助的奶猫"体现了内心的无助和绝望。适当地发表情包还能化解社交中的尴尬。

年轻人为什么喜欢弹幕文化？因为弹幕可以让他们实时获取更多的信息和灵感，以视频为基础，看到更丰富的想象空间、更有趣的内容，获得更多的娱乐快感。看《国家地理》时，弹幕上有科普学霸君；看恐怖片时，弹幕上有高能预警君；看美剧和韩剧时，弹幕上还有野生字幕君。他们都遵守弹幕礼仪，在不剧透的同时给用户创造新的价值。

这些就是年轻人的语境和沟通方式。**很多时候，不是用户不记得你，是你没有留给对方可记忆的元素；不是用户不想听你说，是你没有说他感兴趣的内容。用户要的不仅是产品，更是美好的自己。用户不仅仅是在选择产品，而是在选择品牌提供的剧本和角色。**

用户思维的本质是关心用户的关心，共情的内容要知人所想，说人想听。好的沟通就如同碰到了老乡，能立刻产生很强的交集和共鸣。宜家的"方言版"文案就是非常好的营销推广，在东北门店开业时，墙上挂上了大蒜来营造当地日常的居家场景，卖点文案也换上了东北话"这盒子能嘎哈""介似嘛""嘎嘎配沙发"，让消费者看到忍俊不禁，甚至特供了东北专用的"奥姆索鞋拔子"（见图8-1）。这些都很好地与用户产生共情。

图 8-1 宜家实体店的产品文案之一

语言是一种符号系统,完美的沟通是我懂你的欲言又止,你懂我的言外之意,甚至能形成属于彼此的"黑话",只有这一个圈层才能听懂的专属语言,与其他圈层形成信息差。其实,方言也是一种黑话,当地人听着"带感",外地人听着则可能丈二和尚摸不着头。黑话分为术语类黑话和沟通类黑话。术语是专业语境下的沟通语言,存在一定的门槛和行业壁垒,如营销中的私域流量、KOL 和 KOC 等。在有行业背景的前提下,用这类黑话沟通起来是高效且简单的。沟通类黑话则广泛用于亚文化圈子、Z 世代群体中。很多黑话都流行到了大众生活,如"内卷""早C晚A"⊖"躺平"等。所以,品牌营销要有语境,说人话和共情也是一种能力。

8.2 媒介即人群:整合营销力量大

品牌制定好内容策略后要做好媒介组合营销策略,利用各媒

⊖ 网络用语,是指早上使用含有维 C 类成分的护肤品,晚上使用含有维 A 类成分的护肤品。

体特性进行整合营销传播。网上有个广为流传的新消费三板斧的段子，表示5000篇小红书+2000篇知乎+头部主播直播=做成一个新消费品牌。虽然这是一件不可能的事，但是要想做成一个品牌，在合适的媒介上触达用户是必要条件。不同的媒介背后就是不同的一群人，品牌要根据自身情况在不同媒介上制定不同的营销策略和不同比例的投放预算。

"双微一抖"已经成为品牌官方媒体的必选项，是品牌的营销标配。微博是以图文为主，新闻媒体属性强，因此它是针对企业的重大事件、新品发布、各种营销活动进行及时发声的官方媒体平台，适合针对社会上的一些重要事件、热点跟进来表达自己的态度和立场。微信的公众号、小程序、视频号都是品牌的自有阵地。它给品牌提供了一片土壤，品牌需要投入精力在上面建立属于自己的小房子，一旦建好了就终身不用付"房租"，微信生态是构建官方内容体系和私域流量的阵地。张小龙说"微信是一个生活方式"，它不仅是媒体。企业不应把微信公众号当成自己的一个免费广告位，而要把它当成一个体系去经营。阿里也是一个大体系，相比之下这个生态体系更像是拎包入住的精装三居室。品牌需要按月付"房租"，是公域获客的品牌营销和销售阵地。阿里生态的投放偏销售导向，侧重品效合一。抖音是以短视频为主的媒体平台，相比阿里的购物为主，抖音则是以娱乐为主。抖音有很强的内容属性，企业可以借此宣传品牌，因为好的内容也能刺激用户的购买意愿并产生销售业绩。因为转化路径短，所以"兴趣电商"是继淘系"货架电商"之后的品效合一的商家必争之地。

除了标配"双微一抖"，还有很多可以选择的媒介。小红书是女性生活的购物指南，在引领美妆、服饰和母婴等女性强相关的品牌购买上非常有号召力。对这些品类来说，每天输出二三十篇品牌种草文章也是营销标配。目前，商业化程度较低的 B 站和知乎对品牌来讲属于蓝海。B 站是拥有两亿多 Z 世代的年轻人社区，且具有梗+段子+表情包+弹幕等独特的语言体系。它的用户有强黏性和高忠诚度，也是粉丝含量最高的平台。品牌在 B 站要先做与社区文化相匹配的内容，然后"顺便"做广告，过于生硬的广告在 B 站是无人问津的。知乎是一个新中产人群的问答社群，它的人均在线时长有 70 分钟，可见内容质量和用户黏性是非常高的。知乎的好处是"一个问答一条街"，投放的内容不会过时，很多年前发的问答，还会对用户当下的决策产生影响。知乎围绕生活、健康、教育和科技等各个领域有非常多的话题沉淀，这些话题并不是今天讲完明天就过时了，它可以持续沉淀被用户反复查看和翻阅。

媒介组合策略是品牌营销的重要能力，需要了解每个媒介的基本特性和其背后特定的人群。品牌既需要运营好在各大媒介平台的官方号，构建自主营销阵地，也要与 KOL、KOC、直播达人和其他外部媒体加强合作推广，整合营销力量。

内外内衣的自有媒体阵地建设和媒介组合策略就非常出色。品牌的微信公众号无论是视觉配色、文案修辞还是视频故事都彰显了品牌的调性。品牌在创立初期就自建了一个内容拍摄小组，他们在 2020 年拍摄的《没有一种身材，是微不足道的》（NOBODY IS NOBODY）宣传片在全网产生了上亿次的曝光。视频里，他们邀请了六位看似有不同"身材缺点"的素人，每个人都表达出自己对女性之美的自信：

平胸，真的不会有负担；

承认胸大，反对无脑；

我58岁，依然爱我的身体；

成为妈妈后，我没有丢掉自己；

我喜欢我的肚腩，喜欢我的人也喜欢它；

疤痕，完整我的生命线。

就是这样，六位不同身材的素人女性，通过纪录片叙述的方式号召女性了解和热爱自己的身材，发现多元之美。她们真正地从女性视角给予女性力量，晒痕是记录光如何倾洒于身体、生长纹是青春期蹭蹭长个儿的标记，"独特的身体，微而足道；女性的力量，无分你我"。

内外还制作了主题短片《在人海里》，用中长纪录片的形式拍摄女性了解并接纳自我的过程。《她一个人住》系列讲述了单身女性的独居生活、Body Talk 系列解释了胸部有多"重"等当代女性关心的话题。内外通过记录现代女性的真实情感，给用户以力量。这些优秀的自制内容在平台上经常会有上百条评论，可见内容引发了用户的深度共鸣。在信息嘈杂的"快餐"时代，能坚持做10分钟左右的中长视频在自媒体宣发，这在很多"快品牌"来看是费力不讨好的事情。而内外的营销逻辑是与它的核心用户以及认可品牌价值观的人做沟通，让粉丝在自媒体沉淀和交互，构建黏性。这也契合了它的品牌愿景，做最懂现代女性内心和身体的生活方式品牌。

蜜雪冰城的营销事件案例

2021年6月3日，蜜雪冰城上线了一首《你爱我，我爱你，蜜雪冰城甜蜜蜜》的主题曲。这首歌让人"无限上头"，随后在各大平台引爆，先以6000万播放量冲上B站热门榜单，随后在微博话题阅读量破6亿，在抖音播放量上亿并单月冲上热榜7次。这个爆款营销事件的背后就是对各大媒介的整合营销。

1. 玩梗

B站是整个营销事件的发源地。因为B站有玩梗和二次创作的特性，品牌在其音乐区首发了歌曲。当时正值高考节点，蜜雪冰城的主题曲一经发布，马上被音乐区UP主改编成魔性的高考禁曲版歌曲。由于歌词简单重复、旋律朗朗上口，该主题曲很快又被鬼畜区UP主改编成各种魔性洗脑的鬼畜版歌曲。之后，该主题曲快速破圈，在动画区以二次元内容配合歌曲再次创作，覆盖了广大的动漫人群；在舞蹈区以宅男舞蹈配合歌曲呈现了反差萌的魔性舞蹈；在手工区将IP形象雪王进行手工制作并配合歌曲让用户直呼上头。后来，该主题曲还引发了明星翻唱和用户自发创作跟风，更是被做成了古风版、京剧版、说唱版等，瞬间变成全网解压神曲。

2. 爆梗

在B站顺利出圈后的第二周，蜜雪冰城热度溢出，进入抖音、快手这样的超强流量型媒体。但与B站鬼畜风和"二创风"不同的是，蜜雪冰城在抖音、快手主打线下探店策略，号召粉丝进店跳舞演唱歌曲就可以获得免单。现场的各种实拍让一个个尴尬至极的"蜜雪冰城社死"名场面引爆短视频平台。营销之初是由KOL带动普通用户去探店自创内容，但是到了后期大家已经不在乎获得免单机会，纷纷去店里完成自己的"创作"。

3. 接梗

蜜雪冰城在第三周乘胜追击在微博上发酵，发散各种创意话题方向。从"蜜雪冰城主题曲"演变成#加入一万个蜜雪冰城门店演唱甜蜜蜜#、#甜蜜冰城都有女朋友了#、#甜蜜冰城表情包#、

#甜蜜冰城仿妆#等搞笑类、舞蹈类、种草类等更加多元的话题，并不断发酵传播。

4. 解梗

从第四周起，蜜雪冰城开始组织在微信上的自媒体从各个角度拆解爆款话题成功的原因和开展品牌营销的"软宣传"。仅6月，蜜雪冰城就有500篇报道文章出街，其中诞生12篇10万+关于"蜜雪冰城"的爆款文章。其中，"蜜雪冰城逆袭爆火，除了低价战略还有哪些秘诀"被转载29次，"蜜雪冰城，一家被低估的娱乐公司"被转载25次。这些文章从营销传播的角度深度剖析了爆款营销事件的来由，同时从品牌角度强化了品牌形象。

总结一下这个案例：第一步，从品牌造梗到玩梗，在B站引导Z世代率先趣味玩转主题曲，为后续传播埋下伏笔；第二步，爆梗，在抖音、快手平台引导用户线下探店，通过"蜜雪冰城社死现场"的搞笑视频，打造人人可参与的低门槛营销事件；第三步，接梗，在微博承接话题热度，从娱乐向更丰富的玩法演变，以触达更广泛的人群；第四步，解梗，在微信公众号对话题进行多维深度拆解，利用媒体账号、营销账号持续发酵延续话题热度。可以说，整个营销事件爆火的背后就是对各媒介特点和它们背后的人群特性与偏好的精准把握，通过媒介组合策略和热门引爆玩法实现了营销事件的成功。

8.3 营销的去向：意义营销

如果内容营销和媒介组合营销是营销的血和肉，那么意义营销就是营销的魂。在当下，品牌营销不能仅靠迎合热点、跨界联名和明星代言等流量曝光，还需要构建自身的独特价值和意义，并给所覆盖的品类相关人群持续提供身份认同和品类本身的前瞻性观念。品牌应该通过持续输出前瞻的意识形态，帮助用户打破固有观念，获取多元意义，并持续拓展认知。

品牌应该从价值观营销转变到价值观自省，因为当下的语境中用户无须太多的"宣言"，而是要在品牌输出的观念中获得自我反省和觉察，调整自我对世界的看法并完善自我探索。品牌的角色应该是帮助他们建立敏锐自省、细腻丰富的自我表达。品牌可以提供给用户持续更新的视角并保持一定的前瞻性。比如SK-Ⅱ的经典营销宣传片《她最后去了相亲角》就是针对当下女性的焦虑用前瞻性的观点给予启迪。

品牌广告与产品推广不同，不能单纯只是为了卖货，还要深耕**品类文化**，成为自身领域里的文化创造者、培育者和贡献者。每个领域都有更多样、更小众且前沿的专业知识，品牌需要给用户持续提供专业知识，而不只是为了流量而关联热点。安踏倡导用户用汗水唤起勇气的品牌价值主张，既输出有关跑步健身等大众运动的技巧，也为用户提供滑雪、网球、攀岩等相对小众运动的装备建议和知识技能。小米对于理想的智能生活持续探索，既做了广泛普遍刚需的空调和洗衣机，还做了智能垃圾桶、智能门锁和自动洗手机等新奇酷的科技潮品，打造了很多用户都没想到的智能场景，从而让人们的生活充满乐趣。在今天消费者复杂的自我探索中，品牌需要不止步于功能，而应该增加用户的情感卷入度，一起寻找生活的意义。

在给消费者提供更丰富的产品和服务的同时，品牌还应反映更真实的生活细节与品位，输出更独立的表达和个性，从而建立品牌身份认同。**品牌应该让用户借助产品载体来实现从观点到具体自我的表达，通过产品探索与选择形成个人风格与叙事**。一些限定、环保和二手的产品对个体也会赋予新的意义,让用户除了自身定位还能建立新的身份认同,体现更加个性化的品位、文化和价值观。**从过去的"买买买"和"丢丢丢"过渡到不断通过消费理解与定义自我。**

未来品牌需要提供更丰富、更系统的产品线,通过更多的跨界拓展产品和服务的边界。品牌只有给消费者提供专业和一站式的产品和服务,产生更深度的情感链接,才能获得超越产品之外的价值。品牌应该成为一种生活方式的倡导者,通过形成圈层社群打造文化共同体。

8.4　营销变量:让产品诠释新的意义

1. 从"我的产品有多么好"向"用户用了有多么好"转变

品牌不应使用过去强制灌输给用户"我的产品最好"的洗脑式输出,而是敢于成为用户美好生活的素材。当下,品牌应该帮助用户掌控和定义新场景,让他们创造属于自己的美好时刻。2021年流行的网红饮料菲诺厚椰乳,它的定位是做最好的基础材料,在厚椰乳的基础上,加一杯咖啡就是生椰拿铁的味道,配上大红袍就是伯爵红茶的口感,配上花果则是蜜桃乌龙茶的口味。当品牌成为用户建设生活方式的素材,自然就有"成图率"。将场景定义权限交给消费者的时候常常会产生意想不到的新场景。

2. 从宣传功能转为提供新体验

营销内容应从宣传功能转变为强化产品和服务的极致体验,这其中也包括情感体验和身份体验。品牌应该让用户感到被尊重、有地位和有品位。新锐品牌空客意面让用户只需烧水、下面和拌料三步，就可以在 15 分钟内做出米其林级别的意大利面。这解决了用户家中常常缺失海盐、橄榄油和芝士等专业配料，又缺乏专业的烹饪技能的痛点。空客意面有经典番茄肉酱、黑胡椒牛柳和奶油培根等 5 种不同口味可选，还带有独立包装的橄榄油、酱包、海盐、欧芹、黑胡椒等配料让用户根据喜好自行配置。所以，无论是简化步骤的"懒人体验"，还是增加步骤的"精细化仪式感"，空客的产品营销传达的都是"随便做，都好吃"的用户新体验。

3. 从媒介思维到内容思维，从广告思维到公关思维的转变

品牌的表达不再是简单的通过一句口号进行强行宣传，而是要制作"有情、有趣、有用、有品"的内容；不再采用广告思维的"自己说自己好"，而是选取公关思维的"让别人说你好"。在未来，品牌的一言一行都是品牌的表达，是同用户的交流，哪怕一个言语错误都可能功亏一篑。品牌的任何一个小行为，都可能被消费者视为一种表态。某内衣品牌代言人在微博上用女性"轻松躺赢职场"的轻浮话语，很快引发公愤，最终以官方道歉下架收场。品牌持续的好感度源于能否持续创造社会价值和承担社会责任，真正做到言之有物，言行合一。

4. 从品牌跨界到灵魂跨界，从明星代言到"明星"代言

过去的跨界是营销层面的手段，未来的跨界需要找到**异质性、互补性和心灵相通的伙伴**。2022 年，瑞幸咖啡和椰树椰汁的联名就有明确的目的性，即找到与自己人群差异化最大但品牌理念共通的品牌联名，从而实现与新的圈层消费者进行交流。这次联名出乎大家的意料，因为椰树椰汁 34 年来从来没有联名过。

但是，两大品牌联合打造椰云拿铁又在情理之中。瑞幸通过联名进一步向主流人群渗透，椰树椰汁也让自己在更年轻的人群中做了一次精准投放。双方联名形成了巨大的话题热度，并提升了用户对品牌的新鲜感。

2021年以来，品牌代言人也出现了变化，经历了诸多娱乐明星的价值观崩塌和翻车，品牌对于明星的理解不再局限于娱乐明星，而是转为"在自身领域做到专业的专家都是明星"。很多品牌的代言人也进行了方向上的调整。

（1）体育明星：小米签约苏炳添的背后是双方对于提升"0.01秒速度"的执着追求。北京冬奥会一战成名的谷爱凌成为品牌宠儿，一口气签约安踏、蒙牛和元气森林等20多个品牌。

（2）专业人士：品牌未来追求新专业主义，而专业人士就是在专业领域执着追求的人。比如，小罐茶签约了八位非遗传承人。

（3）内容型 KOL：沃尔沃聘请 B 站知名 UP 主法学教授罗翔老师成为品牌挚友。借用罗翔老师的话"每一个人的生命都弥足珍贵，保护自己是本能，保护他人是勇敢"。凸显了品牌的安全理念。

5. 从社会化营销到文化影响力营销

当下用户获取信息和决策的能力已然提升，**品牌要想触动消费者复杂而分化的社交网络，只有从社群、意见领袖这样的人际网络转移到底层文化影响力网络，以此构建品牌影响力通路**。过去的一部分消费者通过穿名牌彰显身份，一些品牌投其所好，用时尚活动、名人代言来凸显高端。现在则是像始祖鸟、露露乐蒙等品牌一样形成用户认同的新社群文化网络，通过瑜伽热汗哲学、户外文化构建用户和品牌的深度关系。新社群文化网络的本质是从**社交链接到社交增值**。

很多消费者已经很了解商家的营销策略，开始对那些在朋友圈、小红书等媒介中被放大展示的生活产生免疫力。品牌沟通不能仅停留在空洞的产品贩卖和焦虑鼓动上，而是要通过产品和服务给用户当下的生活带来改变。用户不再喜欢看香车和美女的符号化生活方式售卖和套路化营销内容，开始追求更为真实和原生的情感。甚至，他们还会偏爱一些清奇的内容，比如能刷新认知，带来感知、对话和反思的内容。**社会化营销是一味地迎合，文化营销力是互相启迪**。启迪就需要新的内容。比如，朋友聚会地点的选择，选择 KTV 就属于选择千篇一律的内容和固定不变的朋友圈，但是选择小酒馆就有机会带来新的社交网络，可以不断认识新朋友，并享受调酒的过程中没有酒单，你说点什么就给你调什么的新鲜感。一杯酒就是心情，就是一个人的故事。

6. 从关注解决方案到关注意义的转变

意义是观念领先而非功能区隔，是深入前瞻而非现状检测。一本书的价值不在于包装、文本和图表，而是思考、反思和研究。当下消费者的意识是个新变量，品牌可以做很多的创意营销，但是如果缺少意义指明方向，创意再多也会淹没在信息的汪洋中。**人最终不是被需求驱动的，而是被目的和意义驱动的；不是被"如何"驱动的，而是被"为何"驱动的**。

品牌创造的意义通过营销传递给消费者其实就是一个送礼物的过程。这个礼物不能一味地迎合消费者，而是要能给他们带来惊喜和新的可能。美国智能家居品牌 Nest（被谷歌以 30 亿美元收购）做的恒温器，它传递给用户的不是去控制温度，而是自动恒温让用户不必控制温度就能舒服地待在家里。它关注人的价值，去掉复杂的操控流程，让温度控制这件事因贴心和智能变得无关紧要，让用户拥有自由舒适的家庭环境。

如果品牌营销一味地宣传性能和解决方案，就会忽略"意义"。 功能和卖点解决的是生活中的问题，意义点燃的是生活中的积极能量和价值追求。**如果失去了意义，再好的性能也会显得没那么有价值。** 营销的创意策划、投放执行和达人合作都可以外包给创意公司和 MCN 公司，**唯独意义是不能外包的。意义是目的，也是做事的原因。** 品牌要思考产品是否有意义。比如，蜡烛这个产品本身解决的是房间的照明问题，但是通过蜡烛让生活更有氛围感，能促使我们和家人、朋友更好地沟通和联系，产生了功能之外的意义。又如，网易云音乐的评论功能，首先解决了让用户互动的问题，然后通过这些互动促使用户之间产生了情绪和心灵的共鸣。解决方案是基础的但不是稀缺的，新的意义才是稀缺的。品牌需要定义什么是对人有价值的东西。只有给人们带来有意义的好东西，即品牌的产品和服务对他们的生活产生了积极的影响，才会让人心生向往。**过去品牌的价值参数是"研究用户喜好什么，利用心理学和人性的弱点卖给他"，未来品牌的价值参数是"我们希望人们会喜欢什么"**，这与单纯的我们喜爱什么（不考虑用户）和用户喜爱什么（只考虑用户）都不同。它是整合了我们认为的有意义与他们认为的有价值。

7. 营销也是诠释事物

品牌应找到新的理由和原因，并诠释新的意义。所以，营销人也是个诠释者。 这个世界为什么需要诠释者？就像人们走在大街上会根据自身过往经历和偏好自然地关注一些事物也会忽视一些事物。有的人关注奔走的人们，有的人关注飞驰的汽车，有的人会关注孕妇[一]，**人们只能看到他们想看到的东西。即使看到同样的东西，每个人的理解和意义都可能不同。诠释者是选择性增强者，关注人们忽视的美好，唤起人们内心的力量。**这是从心理学、营销学到社会学、人类学的一个转变。

[一] 孕妇效应是指怀孕的人就会发现街上的孕妇突然多起来，即偶然因素随着自己的关注而让你觉得是个普遍现象。

Chapter Nine

第 9 章

渠道新动能：全域流量增长、全球渠道拓展

广义的渠道是高效触达和沉淀用户的销售与服务的触点。狭义的渠道既可以是电商和门店，也可以是店员、粉丝或者带有购买链接的内容。**渠道力的本质是低成本地触达用户并实现成交的能力。触达用户是第一步，用户在哪里，品牌就应该出现在哪里。**品牌需要捕捉渠道发展趋势来布局自身渠道组合。

1. 近年来，电商零售增速高于实体零售

据国家统计局公布，2021 年，中国社会消费品零售总额 440 823 亿元，比上一年增长 12.5%，线上总零售额 130 884 亿元，比上一年增长 14.1%。其中，实物商品的线上总零售额 108 042 亿元，增长 12.0%，占实物社会消费品零售总额的比重为 24.5%。增量渠道是消费品牌的必争之地，近几年电商零售的业绩增速一直高于实体零售。在电商 10 万亿元的零售额中直播电商规模已达到 1 万亿元，也就是渗透率接近 10%，未来预计还会进一步提升。

2. 短视频用户时长超过即时通信

《2021 年移动互联网行业观察》数据显示，我国移动互联网用户约 10 亿人，单日使用时长达 5.27 小时。其中，短视频平台

在线时长占比提升至31.6%，已经超过即时通信近10%。这也说明用户更为青睐短视频的娱乐消遣方式，它将会进一步挤压电商和社交媒体的时长。

通过上述趋势不难看出，对品牌来讲，一方面要稳健提升主流电商的渠道销售；另一方面要积极布局短视频平台和直播平台等新兴渠道。品牌应在构建多渠道运营的能力的同时逐步建立起属于自己的流量阵地。

为什么品牌要全渠道布局？因为品牌和渠道存在既互相赋能又长期博弈的关系。从本质上讲，渠道赚的是流量费用和广告费用，品牌赚的是产品的进销差价。大型渠道要追求利润就必须提高流量分发效率，当品牌在平台上遭遇增长瓶颈的时候，平台就会扶持流量转化更好的新品牌。平台并不希望品牌一家独大，最好是百花齐放。但当各个品牌在流量有限的平台上内卷，不断出价和投放买流量时，会导致自身利润下滑。所以，品牌的全渠道布局和构建自有流量池的能力就变得至关重要。

9.1 主流电商与新兴电商两手抓两手硬

电商基本可以分为三类形态，第一类是以天猫、京东为主的**搜索电商**。这类是用户先有需求，然后在天猫商城或京东商城这个触点上下单购买，最后产生信任。这就像走进一个琳琅满目的百货商场，消费者带着明确的目的来购物，相应的逗留时间不会太长，货比三家后购买多快好省的产品，**买完就走**。第二类是以抖音、快手为主的内容电商，又称兴趣电商。用户会先刷到抖音或快手这个触点，看到有意思的视频在讲解产品，激发了兴趣而购买，最后产生信任。这就像走进一个购物中心，消费者原本是想来这里吃饭和看电影的,但途中看到一个好看的衣服便顺路购买。由于消费者原本的目的是来消费内容,所以在应用上的逗留时间会比较长,也不太会对比其他产品,**喜欢就买**。第三类是以拼多多、云集微店为主的社交电商。用户先看到有信任的人发了相关的社交媒体,然后产生了需求,最后在触点下单。达人直播的本质也可以理解为社交电商,用户是基于对主播的信任,无论主播推荐什么商品都会跟着买,属于**你卖就买**。主流电商的类型及特点,如图9-1所示。

图9-1 主流电商的类型及特点

对消费品牌来讲,搜索电商的天猫商城是"门面",是不得不做的高势能渠道。品牌如果没有在天猫商城上开店,会被用户认为是个小品牌。在天猫渠道的运营能力也是品牌的一个必备能力。以ubras内衣为例,2017年入驻天猫商城,2021年电商的GMV近30亿元,是天猫内衣类目第一名,属于增速非常快的新消费品牌。从ubras预测的GMV来看,品牌基本集中在"618"和"双11"两波大促实现销售爆发,所有的产品上新和头部KOL直播都在为两次年度大促服务(见图9-2)。新品在大促前1~2个月上线,大促期间绑定头部主播每月直播2~4场,全力冲击销售。

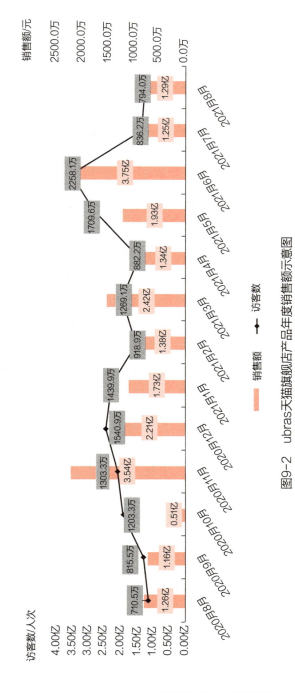

图9-2 ubras天猫旗舰店产品年度销售额示意图

从 2021 年 3~8 月预测的流量结构来看，品牌的免费流量、付费流量和按销售付费（Cost Per Sales，CPS）流量各占三分之一左右。在销售构成上，CPS 销售额占比接近四成，主要依赖淘宝客和直播进行销售，其中直播约占 30% 的销售额（见图 9-3）。这就是一个典型的行业头部品牌的运营情况。在平台整体流量饱和后，品牌要想做好天猫渠道的站内精细化运营，必须关注以下三个方面。

（1）做好站内营销，最大限度地获取平台流量。同时，品牌应在小红书、抖音等站外平台配合做好精准种草引流，用站外的精准流量带动站内的免费流量提升。随着店铺的销售层级及单客户价值的提升，品牌也将获得更多的平台流量倾斜。

（2）在平台主推"千人千面"的情况下重点做好"货找人"的流量获取。比如付费工具超级推荐和万相台等，在"猜你喜欢"等位置去触达用户。在"人找货"的搜索流量上，品牌应重点关注长尾词的搜索，让产品特性去关联用户关心的长尾词。平台也不希望看到品牌通过广告投放同一个词。如果所有品牌都去投同一个词，不仅投放费用会不断攀升，还会导致用户翻好几页都找不到想要的。所以，在用搜索做流量分发时，品牌应该多投一些长尾词来提高流量分发的效率。

（3）目前，淘宝客分销和达人直播主要处于红海拼杀阶段，就连原来不做淘宝客分销的海外大品牌也纷纷加入。未来趋势是重点关注店铺自播。由于平台的风向是提高用户时长和"逛"的属性，必然会加强品牌店铺自播，让整个直播生态更为健康。

如果说搜索电商是品牌的基本盘，那么兴趣电商就是最近几年的新增量战场。2021 年，很多品牌店铺在抖音上的销售额做到了天猫店铺的 20%~30%，尤其是服饰、美妆和食品等品类用短

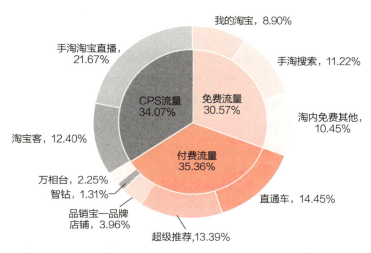

a）访客数分布情况

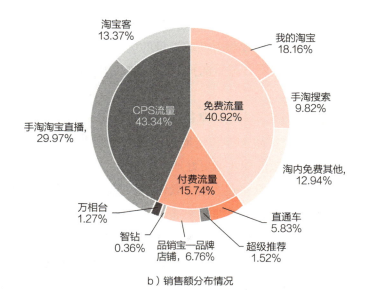

b）销售额分布情况

图9-3 ubara流量结构及销售结构推算示意图

视频和直播的讲解效果要远远优于图文展示。流量、转化和沉淀是经营抖音电商的基本三要素。

在抖音电商中，随着用户规模和交易数据的持续积累，转化、沉淀对流量的获取得到了持续校准和放大，让店铺不断进入"增长循环"，从而实现店铺生意滚雪球式的快速增长。FACT是商家在抖音电商的经营模型，它们分别为：商家自播的阵地经营（Field，F）；海量达人的矩阵经营（Alliance，A）；营销活动的组合爆发（Campaign，C）；头部大V的品销双赢（Top-KOL，T）。商家可以基于不同阶段的GMV增长需求，灵活分配四大经营阵地的运营资源与营销投入，实现抖音电商生意总量稳定、高效的持续增长。兴趣电商将是未来品牌的重要增量，具体要做好以下四点。

（1）做好品牌自有阵地建设，汇集流量。品牌既要做好自身蓝V账号的建设，也要做好获取流量的优质内容，同时用付费流量的精准投放撬动免费流量的推荐。品牌的内容团队和投放团队将是关键角色。

（2）品牌自播是未来日常销售的重要形式。品牌要做好直播间的主播话术、货品选择和场地控制等关键运营节点，做到人、货、场三者的高效匹配才能更好地承接流量。

（3）品牌要与众多达人建立紧密的联盟合作关系，生意规模随着达人能力和数量的增加而快速成长。借助达人资源，品牌可以更快地入场，快速在抖音平台上建立知名度和实现销售业绩的提升。以ubras为例，2021年前3个月，头部和腰部达人直播场次近700场，其中头部主播单场销售额可以过千万（见图9-4）。2022年，以达人分销起盘的叮叮懒人菜，通过抖音电商实现单月破2亿元，全年破8亿元的傲人战绩。

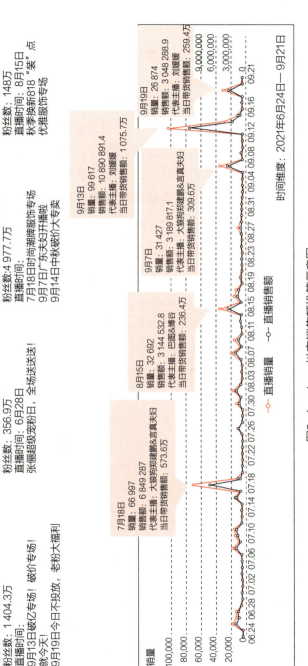

图9-4 ubras抖音销售额推算示意图

（4）与平台深度结合。品牌应积极参与平台的电商节日和营销活动，用好抖音为商家提供的云图和巨量千川等工具，沉淀粉丝并建立信任关系，持续运营人群资产。

总结一下，品牌在天猫等主流的搜索电商需要精细化运营，在抖音、快手等新兴电商要积极快速布局，最大限度地获取红利的新增量。在新崛起的爱库存、云货优选等社交电商以及得物等垂直电商渠道，品牌应主动尝试获取增量，做稳基本盘、拥抱新红利，不把所有鸡蛋放在同一个篮子里。

2020年大放异彩的新锐服饰品牌白小T，就是一个抓住新红利崛起的典型品牌。白小T先在男士T恤的红海市场中定价299元，预留了充足的利润做投放。它定位中产男性这个目标群体，在他们经常会上的今日头条和抖音等渠道做信息流的精准投放，通过"吃火锅不怕溅菜汤的科技面料""大牌同品质工厂"等优质内容去反复连接用户。白小T在抖音主推兴趣电商的红利期积极迎合平台诉求并进行饱和攻击的投放，很快成为在抖音上月销过千万件的新锐品牌，又在建立一定的品牌势能后转战天猫和京东。这是一个典型的利用渠道红利充分发展自己，在形成品牌知名度后在全平台发展的新锐品牌。

9.2 实验气质、艺术气质和社区氛围的线下旗舰店崛起

品牌必须全渠道发展，重线下、轻线上会错过高速增长的电商和习惯网购的年轻人，重线上、轻线下会舍去用户感知和体验品牌的重要场域。**渠道皆品牌，一切用户触点都是品牌的外化**。只有线上和线下全渠道均衡发展才能良性增长，既能互相引流形成数据资产和会员体系，也方便用户随时随地体验和购买。安踏

在2021年收回3500家加盟门店转为直营,小米之家、名创优品和海澜之家的"类直营的加盟托管"模式也已经得到充分验证。目前,线下渠道的趋势是DTC(营销)。品牌要注意的是,从一开始就要规划好全渠道销售策略,否则会因为线上和线下的价格体系、品类特性侧重不同等问题到中后期很难平衡。品牌规划全渠道时首先要考虑自身的品类特性。

一是单品类品牌。食品饮料等多以通过入驻超市、便利店和分销渠道进行线下销售。元气森林与农夫山泉最后的竞争很大程度取决于终端渠道能力的竞争。以往单品类的品牌难以支撑门店零售的盈利模式,因此很难做线下店的渠道布局,近期出现的单品类+场景零售的方式值得借鉴,在线下以场景零售的方式进行呈现很可能会成为一种新趋势。比如,三顿半在线上渠道售卖咖啡的单品,同时在上海的网红街区安福路开了一家线下咖啡店售卖精品咖啡。它们在线下门店强化品牌和咖啡文化,又通过线上的知名度为线下门店赋能,二者协同形成了全渠道高效协同的销售网络。慕斯床垫开的睡眠酒店也是同样的底层逻辑,通过营造一个"场域"销售单品。

品牌渠道策略要在一开始就规划好,否则很难全面布局。比如ubras内衣,线上电商已经做了近30亿元的规模,但开辟线下渠道依然很难。原因有二:第一,品牌本身的名字过于凸显内衣这个品类,导致在开展多品类扩张时难度加大;第二,该品牌一直迎合电商平台做产品设计,价格体系难以支撑线下渠道。相比之下,内外内衣在线下开展得就更为顺利,门店数量已经突破100家。其品牌在线上聚焦销售文胸,在线下除了售卖电商的文胸爆品还增加了客单价更高的家居服、运动系列的多品类产品,客单价和连带率[一]都能做到线上的 3~4 倍。

二是多品类品牌。服饰、美妆、母婴和餐饮覆盖的品类和商品较多，天然适合做线下体验和销售。美妆集合店调色师、话梅是在 2021 年快速扩张的明星连锁店；喜茶、茶颜悦色等高频的即时餐饮也在线下广受追捧。这些品牌的门店都集合了销售与体验，呈现出实验气质（LAB）、艺术气质（gallery）和社区氛围（park）这三大趋势。未来品牌的线下旗舰店除了承担基础的销售职能，还是线下粉丝交流的场所，还会成为品牌的形象展示窗口，凸显品牌的领先科技和独特文化。

小米之家是一个典型的新零售物种，成立 5 年之时，其门店数量突破 1 万家，年坪效 24 万元，仅次于苹果排名世界第二，为小米从一个电商为主的品牌成为国民品牌提供了有力的支撑。起初，小米对小米之家的定位并非仅仅是销售渠道，更是为米粉提供体验和服务的场所。所以，在最初 2~3 年的时间里，门店的店员是没有任何销售类指标考核的，对门店唯一的考核指标是服务满意度。小米在做小米之家前用了将近 3 年的时间布局了大量生态链产品，这也让小米的门店相较其他手机品牌的门店增加了更多中高频的产品，品类丰富度增加的同时实现了智能家居的全新体验，让门店更具可玩性。

小米之家门店平均面积只有两三百平方米，但很多门店一年的销售额就能突破 1 亿元。如果把零售店的评价体系拆为客流量、转化率、客单价和复购率四个关键指标，小米之家几乎每一项都做到了极致，所以才会有如此高的坪效。

[一] 连带率是指销售的件数和交易的次数相除后的数值，反映了顾客平均单次消费的产品件数。

首先，多方位增加客流量。小米之家依托手机的地理位置精准定位把门店开到了米粉聚集的区域内，相比传统零售依靠数客流选址要精准很多。此外，小米的新品都是线上和线下同步首发，米粉可以第一时间到店体验新品，还支持线上预约线下提货、线上积分兑换礼品门店提货等各种活动为线下引流。

其次，提升转化率。选品层面实现了"三级漏斗"的大数据精准选品，从小米有品的10000余款商品中优选销售业绩好的产品过滤到小米商城，再从小米商城3000余款商品中选择销售业绩好的产品精选300多款投放到小米之家。所以，门店售卖的产品都是经过两层验证后的爆品。同时，门店还会通过小米大数据针对各个省份不同用户的偏好进行微调，这才确保了10%以上的转化率。此外，所有门店线上和线下产品确保同款同价，赶上促销期还提供价保，消费者买贵了可以补差价，减少了消费者的购物顾虑。

再次，在客单价上也有很多创新点值得借鉴。门店陈列上会将多个产品组合的智能安防、智能灯光、智能清扫等智能家居产品做场景化陈列，促进消费者成套购买。门店中有很多像9.9元10个的彩虹电池这样的低客单、高频引流品，使得下单的顾客结账时候都会顺手带两件，从而提高了客单价和连带率。小米之家还经常举办米粉社群活动，如智能家居课堂、电饭煲试吃、摄影大赛等，不断提高用户黏性的同时促成购买。

最后，小米之家通过极致的体验和服务打造用户口碑。比如，在移动电源上免费雕刻用户喜爱的图案做个性化定制；在用户购买比较沉重的大件物品时帮忙搬到车上；门店自制饼干给米粉享用等。每一个动作都在以"和用户交朋友"的宗旨去打造产品和服务。很多时候，这种走心的非标准化服务要比强调千店一面高效率的标准化服务更为打动人心,超预期的口碑也提高了门店的复购率。

小米之家经营要素拆解图,如图9-5所示。

图9-5 小米之家经营要素拆解图

用靠近小米总部的北京清河万象汇为例。作为北京的中大型规模的一站式购物中心,万象汇所有商家的年销售额在14亿元左右,小米之家最初仅在负一层有一个200平方米的门店,年销售额近2亿元,占到整个商城的七分之一。这让小米之家在各大购物中心体系迅速成为标杆,成为各大商圈争相引入的优秀商家,获得了极其优惠的房租等商务条件,从而大幅降低了门店的成本。小米之家的成功不仅是经营的成功,在很多城市开店都创造了上百人排队的空前景象,创造了极大的品牌价值,从而节省了品牌的广告开支。同时,门店作为直营阵地转化了近30%以前没有在小米购买过产品的新客,这些都是在线上销售难以做到的。

门店就是品牌的魅力人格体。 通过对人、货、场的精益化运营,门店提升了用户体验。从品质、美誉度、传播度上建立的品牌价值,最后会进化为品牌人格。品牌通过建立以品牌人格、社群运营为基础的强信任关系,向消费者提供生活方式的解决方案。

在广袤的中国市场,DTC旗舰店模式虽好,但也不是一招鲜吃遍天。小米线下连锁体系分为 5 个层级，正是这一体系才能使小米火力全开，实现 5 年开店 1 万家。在中国做到万家店连锁的苹果、华为等优秀品牌也都有层级丰富的零售体系。所以，小米的万店连锁的线下体系是值得学习的。

第一层级是旗舰店，面积在 1000 平方米左右，是品牌形象展示和举办大型米粉活动的阵地，目标是在一二线核心城市树立品牌标杆店。这类门店会请大师级别的设计师，针对当地文化进行一店一设计，售卖近千款商品，很多其他门店没有的高科技产品都能在这里购买。每天都会有小米专属的高科技课堂讲述智能体验与小米文化。门店配有云货架、移动 POS 机、门店热力图等诸多新零售科技帮助提升经营效率。它们是小米之家的"门面担当"。

第二层级是直营店（自建自营），面积在 200~300 平方米，主要设在一二线城市的一站式购物中心。门店由小米之家自营，采用统一设计和陈列，售卖 200~300 种产品，线上和线下同款同价，是销售的主力类型门店。

第三层级是加盟店（他建自营），面积在 120~150 平方米，主要设在三四线城市的一站式购物中心，采用统一设计和陈列，售卖约 150 种产品，线上和线下同款同价。门店由小米之家与加盟商联营。小米之家派驻店长统一管理并输出零售理念和方法论，加盟商负责房租和人员等成本开支，结合加盟商在下沉市场的商务拓展能力和本地获客能力，通过强强联合做大销售规模。这种模式最大限度地确保了门店的成本最优，且与直营店体验接近，保证了用户口碑。

第四层级是小米之家授权店（他建他营），面积在 70~120 平方米，主要在四五线城市的一站式购物中心和手机通信街，采用统一设计和陈列，售卖100种左右的产品，线上线下同款同价。门店由加盟商负责运营，小米输出零售理念和方法论，并抽查和监督加盟商做好服务口碑。这种模式采用统一的数据管理和售后服务，确保数据驱动运营。

第五层级是小米直供店，面积不限，主要为五六线夫妻店和部分米粉分销。小米上线统一的B2B提货平台，由广大的个人小店进行线上提货，按小米的价格体系执行销售，最大限度地覆盖渠道。

小米的五条渠道各自承担着不同的任务，2022年门店数量突破1万家，完成了层次清晰的线下体系布局。加上百亿规模的自营商城，小米在千亿元营收的大盘下DTC渠道的销售占比仍然保持在一半以上，既摆脱了对外部渠道的依赖，也能实现与米粉的直接互动和体验以及数据与会员的打通，成为全渠道发展的典范品牌。

发展线下还要注意找到线下的流量红利。比如，2021年开店近万家的超市品牌锅圈食汇就抓住了社区店这个流量红利，它以火锅食材为主，涵盖休闲零食、生鲜、净菜、饮食和小吃等商品，打造了万家连锁的社区零售模式。为了弥补火锅在夏天的空窗期，品牌还上线了夏日烧烤主题。锅圈的食材全部自研，由上游工厂直接送达门店以确保成本和品质最优，因其好吃不贵的特点成为社区居民的首选。品牌还以"互联网销售平台＋实体店面＋超市配送"的线上＋线下一体化联合的模式，冲破了销售的时间和空间束缚，扩展了销售渠道。在线上，锅圈依靠自营小程序商城、饿了么、美团等送货上门服务，无论消费者居家、办公还是在户外，锅圈都能为其提供方便、快捷的消费。在线下，锅圈与口碑、大众点评等到店平台合作，通过大数据提升到店转化，帮助加盟店铺扩大销售规模，成为最近两年零售领域的大黑马。

9.3 流量新蓝海：私域流量和海外渠道

1. 不用花钱的私域：DTC 品牌、粉丝与私域运营

目前，国内真正意义上的 DTC 品牌并不多。不同于欧美消费者有在官网上购物的习惯，国内的消费品牌大部分是通过天猫、京东和抖音等平台连接消费者，自有官网商城大多流量较少，这也是私域流量这个词崛起的原因。

（1）天猫作为国内公域搜索电商的代表，不同于海外电商亚马逊的高佣金抽成，天猫的抽成比例很低，其盈利模式的核心是广告费。只有流量转化为天猫站内成交，一整套的广告投放工具的逻辑才能形成闭环，因此天猫不希望看到消费者在站外下单。这也就不难理解为什么用百度是搜不到电商链接的，且在小红书、抖音等媒介上的推广最终的链接大多导流到天猫站内成交。只有这样，数据才可以回流到天猫，实现盈利。

（2）抖音作为公域兴趣电商的代表，其盈利的核心也是广告费。抖音中日活跃访客数的指标无法代表获客数，因为消费者刷抖音的核心还是消费内容，能够真正产生购买行为的用户比例有限，这是由产品本身决定的。抖音作为一个内容平台，为什么会把电商作为自己的核心增长来源呢？在短视频领域有个专业术语叫广告加载率，也就是用户刷多少条视频插一条广告。一般来讲，这个数据在 10% 左右是用户体验的上限，也就是说一旦用户刷 100 条视频中广告超过了 10 条，用户体验就会非常差。目前，抖音的视频已经超过这个阈值，所以广告加载率这个数字很难再

提升了。当广告的总库存相对恒定时，就需要用电商去渗透。但这也有个瓶颈期，否则平台的属性将会发生变化。

天猫和抖音作为最有代表性的两类电商，其商业模式的核心都是广告营收。当平台流量红利到顶后，增长就只能来自存量蛋糕内的流量效率提升。此时会出现品牌方在公域的获客成本增加、平台抽佣比例提高等情况，导致品牌的利润被进一步挤压。品牌在流量焦虑之下，势必要大力发展私域流量。

私域流量的本质是品牌方可免费、主动连接和交互的用户，是品牌方自有的，是可以开展个性化运营的用户资产。私域的本质是企业的用户战略。虽然所有电商平台都在做会员机制，宣传私域属性，但本质上从电商平台上获取的会员用户还是属于电商平台的，品牌方对平台上用户的调动能力相对有限。目前只有微信体系的私域，品牌方的掌控力是比较强的。品牌在做私域之前，必须厘清私域的本质。

（3）私域的角色定位。私域的概念本身是因公域而产生的。让用户对一个在公开场所没见过的品牌建立信任的难度非常大，所以品牌只有在公域中具备一定的影响力，在私域中开展工作才会更加顺畅。因此，线上＋线下，公域＋私域是品牌全域获客、全渠道布局的理想模型。在正常情况下，品牌在公域流量中获客，然后导流到私域去运营是比较合适的路径。小程序、公众号、线下门店、产品包裹卡、AI电话等多触点都可以为私域进行引流，给私域"水池"蓄水。在销售比例上，私域占到总销售的30%是一个理想比例。

（4）私域的价值。私域是可以提供服务、社交和电商的融合体，能促使用户和品牌建立长远和忠诚的关系。所以，不要把用户简单的当成流量去卖货收割，私域让用户可以在使用产品的过程中遇到问题第一时间找到品牌方，它的服务价值远大于短期销售价值。只有与用户构建双向好友的关系才是有效的私域。品牌与用户建立联系后要奉行"用户至上"的策略，培养用户的好感和信任基础。品牌应根据购买频次高低、决策链路长短、品类交互性强弱来搭建不同的内容体系。

（5）私域的战略。私域在企业内部的战略定位需要有清晰的界定。私域是社交属性+服务属性的集合。它的核心价值是可以直接与用户交流，让品牌更了解用户是谁。品牌可以了解到用户在日常生活中的朋友圈状态，也可以让用户体验产品有疑问时或需要售后服务时第一时间联系到品牌方。在用户的连接上，可以是不打扰用户的一对一的单向服务，也可以是以微信群的形式，但品牌一定要营造好群的氛围。用户数据价值、低成本获客的价值等都是在此基础上随之而来的。企业要想做好私域，需要将私域建设提升到企业战略层面，由一把手亲自去抓，配置资源和搭建组织，否则因为企业内部的利益格局、考核等诸多问题是很难做好的。私域要做好是产品力、内容力、运营力和组织力的综合体现。

品牌要对自身的品类情况有深刻的认知，按品类的消费频次、客单价和专业性来分，不同的品类要采用不同的运营方法，具体方法如下。

（1）产品专业度低的品类，高频—低客单。例如食品饮料和日化等品类，消费者首要关注的是品牌的知名度和购买的便利性，不太重视专业度，因此忠诚度不高，也更在意价格和优惠政策。在这种情况下，品牌需要扮演促销员式的"购物参谋"角色，帮助用户精打细算。通常最有效的方式是加强功能卖点，结合促销驱动，简单直接地把实惠给到用户。

（2）产品专业度低的品类，高客单—低频/高频。例如白酒、大牌的香水和服饰等品类，客单价相对较高，品类具有一定的社交属性和时尚属性。这类用户注重品牌，有一定的品牌忠诚度。此时，品牌需要扮演闺蜜式的"兴趣同好者"，用贴心分享来激发兴趣。在内容上，这类品牌比低客单价产品要多一些使用场景建议、服饰搭配、心得交流等多元内容，并鼓励用户分享。

（3）产品专业度高的品类，高客单—低频。例如大小家电、摄影摄像器材和乐器设备等品类。对于这些品类，用户更关注品牌且忠诚度相对高，非常需要优质的产品和服务。品牌需要扮演的是专属顾问的角色，最好使用企业或个人微信进行一对一的服务，这样可以有针对性地深入关怀用户。

（4）产品专业度高的品类，高客单—高频。例如宝宝饮食/洗护、高端护肤/美妆等品类。这类产品的周边知识多，用户首次使用的决策周期很长，但认可品牌后，对品牌的忠诚度非常高。这时，品牌应该扮演"知识专家"的角色，通过日常分享品类干货，丰富功能和情感学习建立品牌人设。

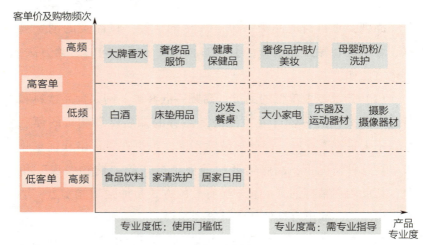

图9-6 私域流量不同品类特性

拥有线下门店的企业一定要发挥店员的优势，做到**店员即渠道，店员即媒体**。每个店员都可以通过企业微信与消费者深度交互。

母婴连锁品牌孩子王的店员扮演了育儿顾问的角色，为准妈妈在怀孕过程中遇到的各种困扰和烦恼排忧解难；为产妇在月子期间遇到的棘手问题和困惑给予指导并提供科学的产后恢复知识；为缺乏育儿经验的新手妈妈提供科学的照料知识并悉心指导。孩子王对育儿顾问有一整套非常完备的培训体系，能让各个层级的育儿顾问得到有针对性的培养。同时，孩子王内部建立了完善的知识库便于育儿顾问进行自我学习并不断成长，很多顾问能月度实现100万元以上的销售额，是线下连锁私域的标杆案例。

宝岛眼镜同样是私域营销的优秀案例之一。拥有1000余家门店的宝岛眼镜安排其7000多名员工全部注册了大众点评账号为门店引流，并培养了1000多名小红书达人，数百名知乎和抖音达人。同时，宝岛眼镜还配备了专门运营视频号、抖音及快手等新媒体的直播团队，实现了全员MCN。这个打法把原本对外投放的市场费用发给了营销种草做得好的员工，极大地提升了员工的营销能力和工作积极性。他们在微信私域上给用户提供针对成人和孩子的眼部健康知识。比如，冬天眼镜起雾怎么办，如何让孩子用眼更健康等。宝岛眼镜不仅用这些优质内容与用户高频交互，还提供免费咨询和验光服务，并通过孩子视力档案数据记录实现了用户关系的深度管理。私域运营让宝岛眼镜的门店整体业绩提升了5%。

私域流量是未来的大势所趋，品牌要把私域流量运营常态化。

（1）私域流量不是"锦上添花"，而是企业的标配。企业应根据自身情况逐步建立起独立的私域策略。

（2）私域要做到精细化，就需要数字化工具来支撑运营，实现用户标签及数据管理。比如，统一用户ID，定期生成可视化总结和分析，驱动运营升级迭代和经营决策。

（3）微信体系已成为私域运营首选，以企业微信为核心，结合视频号、小程序、微信群等工具深度运营用户。微信对视频号的重视已经让它成为企业视频官网，视频号直播也将成为新的内容载体，给用户提供更多的信息和交互机会。

私域流量趋势背后的核心是要给用户创造价值。**品牌始终要问用户的动力是什么？他为什么添加企业的相关微信账号？到底是我们更需要用户，还是用户更需要我们？**苹果、露露乐蒙、华为、小米和蔚来等品牌都不是仅仅靠加微信好友和数字化来和用户建立深度关系的。数字化只是工具，关系背后的核心是人心。小米拥有5台以上设备的粉丝数量超过1000万，蔚来汽车通过"老带新"实现新车销售的比例超过50%。这些拥有庞大的粉丝群体的品牌本质上都在建立和用户的深度信任。**能让用户发自内心地帮助品牌进行口碑传播才是真关系，而真正的深度关系一定是超越买卖关系的。**

2. 海外渠道：从中国制造到全球品牌

目前的海外渠道对品牌方来说依旧属于蓝海市场。海外市场也极具多样性，既有发达的欧美国家，也有相对落后的东南亚国家。品牌能采取的销售模式也较为多样，既可以考虑直接销售，也可以通过分销，还可以通过跨境电商实现零售。目前，消费品出海比较成功的是以手机为主的3C消费电子、家电产品和服饰等品类，因为在这些品类里中国的供应链具有全球领先优势。

目前企业出海主要有以下三种方式。

（1）平台电商模式：品牌通过亚马逊、速卖通、易贝（eBay）等国际电商销售产品，又称跨境平台卖家。典型品牌如安克创新。

（2）DTC电商模式：随着以Shopify为首的独立站建站平台快速成长，很多品牌开始搭建专属的独立站，摆脱对第三方平台的依赖，直接销售产品给消费者。这类多以服饰等非标品为主，又称独立站卖家。典型品牌如希音（SHEIN）。

（3）其他模式：以华为、小米为主去当地市场开展业务，通过搭建团队在当地自建电商和渠道，实现深度运营本地市场。

新品牌一般选择通过分销渠道实现对海外渠道的批发覆盖，也有一些品牌先通过Kickstarter和Indiegogo等知名海外众筹平台建立一定的知名度，再去吸引分销商拓展渠道，也取得了不错的效果。

总体来讲，在10万亿元以上的跨境业务规模下，通过B2B业务的销售比例是下降的，B2C销售的比例一直是逐步提升的。品牌从过去的选品到自主研发产品，从过去的广泛开店的"站群"模式到打造超级独立站，跨境电商逐步实现了品牌化，把中国制造变成世界品牌是大势所趋。

成立于2011年的安克创新已在国内创业板上市，主要销售移动电源、数据线和耳机等配件产品，以及扫地机器人等智能硬件产品。它的移动电源销售量在欧洲、美国、日本等发达国家的亚马逊电商该品类排名第一，扫地机器人推出3年的销售额突破1亿美元，并且毛利都比国内同类型产品高出近1倍，公司近年来净利润一直维持在10%左右。安克创新的成功是中国制造的成功，品牌敢于投入研发构建产品创新能力，同时团队深谙亚马逊运营方法和平台算法，打造多款产品成为亚马逊平台上的该品类爆品，并且持续优化提升组织能力，是国内品牌出海学习的标杆。

希音（SHEIN）是以女装为主的跨境电商独角兽，2021年销售额达100亿美元。品牌利用国内供应链的快速反应＋低成本优势，每日上新服饰在2000款以上。希音的服装定价普遍在10～20美元/件，仅为ZARA的一半左右。2021年上半年，希音App全球下载量近7500万次，成为仅次于亚马逊的购物App。它的成功很大程度上是品牌对于早期Facebook、Instagram等平台流量红利的把握，在流量成本不高时用很低的价格批量合作Instagram上的KOL为品牌种草和引流，这具有一定的不可复制性。加上品牌多年构建的良好供应链体系、设计师体系和数字化能力，支撑品牌实现海外多个国家的本地化设计和本地化营销，希音未来有机会取代ZARA成为全球最大的快时尚品牌。

无论华为和小米的产品畅销全球，还是安克创新和希音的快速崛起，背后都体现了目前中国品牌的产品力、营销力和组织力可以支撑品牌走向全球，去寻找更为广阔的市场。很多品牌也在海外获得了丰厚的利润，来同步支撑国内业务的发展。未来品牌的全域销售、全球布局能力将是渠道力的核心体现。

9.4　渠道变量：从线上到全渠道，从公域到全域

渠道的背后是连接的能力。把握渠道的变量有助于品牌持续增长。

首先，我们要关注流量的变化。流量及其背后的用户关注度是动态变化的，电商的流量从搜索电商到社交电商再到兴趣电商；用户的关注度从图文到长视频再到短视频。随着抖音和快手等短视频平台大力发展电商，使得电商和媒体的界限越来越模糊。品牌要积极布局流量增长的渠道，**坚持用户在哪里，品牌就在哪里**。线下也是如此，品牌从百货商场的角逐到一站式购物中心核心位置的争夺。在未来，网红街区和社区业态会成为新的流量竞争点。

从社交电商、新零售到私域流量、兴趣电商，这些新渠道不断崛起的背后是移动互联网等基础设施的进步。技术促进了工具和平台的推陈出新，进而改变了用户获取信息和购物的方式。品牌要积极拥抱符合趋势的新兴渠道，找到持续增长的渠道是品牌增长的核心。

其次，门店的属性发生了变化。原来的线下渠道以销售为主要导向，今天的门店除了销售职能，增加了体验服务、社交打卡、前置仓和数据采集等更多职能，也更加注重品牌价值的展示。门店的设计风格也从过去的千店一面逐步调整到当下旗舰店的千店千面。比如，三顿半在网红街区的原力飞行旗舰店选用的都是可移动家具，定位社区会客厅，定期在门店举办集市和讲座。它传递的是以咖啡为媒，产生人的连接。喝什么重要，但更重要的是和谁在一起喝，在什么样的语境和心情下喝。千篇一律的商场店已经难以给年轻消费者带来新鲜感，网红街区的旗舰店带来更多内容表达的新意和产品之外的趣味。未来的门店会从商业输出到内容输出，从营销引流到文化社群链接。

最后，要关注渠道自身的变化。亚马逊、京东、开市客（Costco，美国最大连锁会员制仓储量贩店）都推出了自有品牌，进一步提升了流量利用率和利润率。这会导致很多技术含量相对较低且品牌心智势能弱的产品逐步被平台自有品牌蚕食。面对产品的同质化和丰富化，网易严选、小米有品、名创优品等精选产品平台也得到了一定的持续增长。通过少而精的爆品帮助消费者在繁多的产品中快速决策，也是当下用户的核心诉求。品牌要考虑自身在渠道中扮演的角色，符合渠道未来发展的趋势。

结合这些趋势，品牌应该逐步完善自身的渠道布局。线上＋线下的全渠道布局提升用户体验，最大限度地获取用户。公域＋私域实现全域布局，公私域互相反哺流量，以此深度运营用户。如果品牌经营的品类在海外具备优势，可以积极布局出海，获取全球增长和更大的利润空间。海外电商已经从最早的广选品、多店群，过渡到做精品的品牌模式和独立站模式。

趋势变化的信号总是微弱的，企业内部又涉及现有强势渠道对新兴渠道的打压，以及内部的考核与分配带来的"大哥吃小弟"现象。只有品牌主理人和企业家认清趋势、拥抱变化、积极布局、敢于创新，品牌才能持续保持高速增长。

Chapter Ten

第 10 章

组织新动力：组织共识与创新

战略是依托组织而实现的，组织力是企业战略得以落地的支撑，是品牌增长的底层动力。00 后已经带着新的思维方式步入职场，组织应该考虑如何激发这一代新员工的创造力并保持组织活力。很多品牌都会学习优秀企业的先进管理方法：微软 CEO 萨提亚·纳德拉（Satya Nadella）通过刷新组织使命带领微软的市值重回巅峰；奈飞用文化力驱动全员创新，打造十年股票回报率近 4000% 的市值神话；华为以"奋斗者精神"驱动 20 万名知识型工作者艰苦奋斗打造出全球化的铁军组织；阿里以"六脉神剑"的文化模型打造了"中供铁军"的强大执行力。这些优秀公司都有自己打造强大组织力的方法和实践。当然，品牌也需要警醒，每个企业的基因不同、所处的发展阶段不同，盲目地学习巨头的做法很容易水土不服，甚至"自废武功"。真正的组织能力，是需要根据自身情况"从头到脚"去体系化构建的。

10.1 大脑引领方向：用使命、愿景和价值观构建一套企业文化的"操作系统"

企业的使命、愿景和价值观往往由初期几个创始人的个人性格和追求所决定，并逐步形成企业的基因和文化，然后在组织一次次的"胜仗"中逐步形成组织心智。要做好企业管理，首先要明确自己是谁，自己的核心基因和能力是什么。

具有科技属性和互联网属性的公司在企业文化构建上的能力尤为突出，非常值得其他行业学习。拥有20万名员工的华为、管理大量外卖员的美团和将大规模一线快递配送员也纳为正式员工的京东，它们的组织内核都是偏科学的、偏理性的。这类组织往往有很强势的文化，是自上而下的战略驱动，并强调组织执行力。谷歌、腾讯和字节跳动的组织内核则是偏艺术的、偏个性的，它们会有相对宽松和自由的企业文化，鼓励自下而上的创新，不过于追求一致化的管理。在不明确自身的组织基因和能力的情况下盲目复制某项组织管理能力大概率会是邯郸学步，功败垂成。

企业并非需要一开始就建立使命、愿景和价值观。它们往往是由初期的团队基因和初心逐步发展而来的，但是要在恰当的时候明确下来并形成全员共识的企业文化。如果没有组织文化，那么员工就不是在一套操作系统下运行，其价值取向和做事原则就没有达成共识。一群没有共识的人是没有执行力的，只能被视为"团伙"，不能被称为"团队"。在很多重大决策的关键时刻，往往都是靠使命和初心支撑去做的。

1. 使命

使命解释了组织存在的意义，是对组织存在理由的回答，解决"为什么是我们"的问题。不同于愿景和战略的时限性，使命是长期的远方和彼岸，它决定组织的核心意图。使命一般是不变的。

使命决定了企业未来的想象空间。以谷歌为例，其使命的核心是信息，信息短期看主要是互联网相关的搜索业务，但还可以延伸到人工智能、元宇宙、操作系统、地图、视频等领域。**使命也是吸引同路人的力量。**它能让有着共同目标的人汇聚在一起，形成合力。对众多优秀的人才来说，除了薪资待遇，还有超越物质的对使命的追求。

谷歌的使命：整合全球信息，供大众使用，让人人受益。
百度的使命：用科技让复杂的世界更简单。
字节跳动的使命：激发创造，丰富生活。

2. 愿景

愿景是对未来情景的意象描绘，引导和激励团队行为。要回答一群人在一起干什么事情，才能实现组织的使命。它是基于使命需要的愿景描述，定义未来一段时间去往何处。愿景是可以优化的。

愿景是预测和把握未来的能力。愿景决定了后续的战略，战略需要具有前瞻性和差异化。前瞻性的前提在于企业对未来的与众不同的判断，比别人能够更早、更快、更清晰地看到未来可能展现出来的状态。

谷歌的愿景：让用户一键访问全世界的信息。
百度的愿景：成为最懂用户，并能帮助人们成长的全球顶级高科技公司。

3. 价值观

它是基于人的一定的思维感官之上而做出的认知、理解、判断或抉择，即人认定事物、辨别是非的一种思维或取向。价值观的核心是**价值排序**，只有排序和优先级清晰才会影响员工的行为。比如，若将"用户第一"作为价值观，就说明用户问题比其他问题更重要，员工遇事就有了决策依据。

字节跳动的价值观：始终创业、多元兼容、坦诚清晰、求真务实、敢为极致、共同成长。

百度的价值观：简单可依赖。

企业真正的价值观不是贴在墙上的字，而是通过被奖励、被升职和被解雇的员工及其行为体现的。员工的哪些行为和技能得到了组织的提倡和实质性的奖励就决定了该公司真正的价值观。

总结一下，企业的使命是企业存在的目的，是其赖以生存的、能为谁解决哪些问题的能力，**也是品牌成立并运行的意义**。企业的愿景是企业期望将来发展成为的样子，即企业未来在哪些领域希望获得成就和地位，**也是品牌对未来的梦想**。企业的核心价值观是企业员工需要共同遵守的、倡导的、反对的行为准则、底线和信条，**也是品牌重大决策的优先级**。

阿里的使命是让天下没有难做的生意，由此可以看出阿里的核心是一个面向企业提供服务（to B）的企业。因为只有服务好更多的 B 端客户（卖家），在平台上才能吸引更多的 C 端用户（消费者）。阿里的使命所解决的社会问题的价值是巨大的，是万亿级别的，这也会体现在阿里的市值上。它的愿景是基于使命的具象描绘，定义了服务多少商家和用户，给未来 10 年企业的战略和目标做了清晰的指引。它的价值观是"六脉神剑"（见图 10-1），指导员工的决策和工作行为。

图 10-1 阿里"六脉神剑"企业文化

我们通过小米的使命、愿景和价值观,就会发现小米是一家明显 to C 的企业。

小米的使命:始终坚持做感动人心、价格厚道的好产品,让每个人都能享受科技带来的美好生活。它明确描述了企业的纲领是做好产品和做强科技。

愿景:和用户交朋友,做用户心中最酷的公司。这解释了基于使命,公司希望成为的样子,这也就体现在小米推出了非常多新奇酷的产品。

价值观:真诚和热爱。非常简单的价值观清晰地定义了排序，对员工和米粉都是真诚和热爱。这也就解释了为什么在小米之家成立之初门店没有销售考核指标，而聚焦在用户体验和服务上。

不是每个企业都必须拥有使命、愿景和价值观，耐克就没有使命、愿景和价值观，但其凭借"只管去做"（JUST DO IT）的品牌精神一样将企业精神广泛传播。但是，对于一般企业的内部和外部用户来说，使命、愿景和价值观既是战略的根源，也是企业运营的三大基石。一个新消费品牌如果有清晰的使命、愿景和价值观，无论是对市场表述品牌的志向和价值，还是对组织向心力的提升都会产生莫大的帮助，也是支撑品牌做大的精神源泉。

10.2 腰部强力支撑：战略、目标和运营机制驱动正确行为

战略是使命与现实之间的差距，规划了到达愿景的路径和方法。战略不是凭空而来的，而是源于使命、愿景和价值观。

战略指引发展的方向，没有方向的能量是毫无意义的。只有当能量和方向协同一致时，才会构成作用力。战略要回答支撑品牌前进的驱动力、目标用户、产品定位和营销策略。战略要回答是什么在驱动着我们前进？谁是我们的客户？我们销售什么？我们如何销售？

判断一家企业有没有战略思考，有一个较为容易的切入点，就是看这家企业有没有"以终为始"的思考方式。远见是战略判断的前提和假设，是战略前瞻性的基础。如果一家企业在内部讨论时是基于几年后产业和市场的格局演进来反推今天怎样做会更好，那么这家企业的决策往往具有前瞻性的。反之，如果一家企业没有战略，往往就会表现为跟随主义，即别人做什么自己就跟

着做什么，什么流行就做什么。但是，如果永远在跟风，永远在赶下一个风口，这种典型的机会主义是很难成功的。**战略更多的是给品牌一个方向感，是决定什么该做，什么不该做。有所不为，才能有所为。**

战略制定后，企业需要机制和执行来保证战略落地。组织目标也是由战略导出来的，企业的大目标自上而下分解成员工的小目标，员工的小目标自下而上提炼成企业的大目标。

战略定位：定位要清晰，做什么生意，做什么人的生意。

治理结构：治理结构是战略落地的组织、机制、人才和资源的保证。良好的股权结构是企业治理架构的基础。企业治理需要股东大会、董事会和经营管理层三位一体地贯彻企业战略。企业竞争的本质是治理结构的竞争，是董事会的竞争。**一个一流的董事会，一定要考虑到知识结构的相互补充和完善，一定要广开言路并听取反对意见。**一个优秀的治理结构最好是由创始人、重要股东、创新者和经营者一起协同完成，这样才有竞争力和生命力。创始人最重要的用思想力去影响中层管理者，而非所有事都亲力亲为。如果所有事都需要创始人来拍板决策就会导致管理层很难群策群力，创始人的能力就会成为业务的上限和瓶颈。

执行落地：**战略共识就是执行力。共识就是力量，共识就是行动，共识就是方向，共识就是未来。**没有共识，任何战略都只是挂在墙上的战略。战略要在全员达成共识的基础上才能匹配组织目标、考核和激励。否则，员工不理解或者不认同，工作就会大打折扣。

亨利·福特曾经有句名言："我希望员工来的时候不要带脑袋，带手和脚就行了。"其实，战略的制定、目标的分解、机制的匹配到落地执行的各个环节并非完全是自上而下的层层分解。在如今瞬息万变的环境下，战略也需要员工反馈、共创和自动演化。今天，企业要得恰恰是员工的大脑，而不单纯是标准化的动作。从战略制定到落地的整个过程中，**机制是重要的保障**。只有**正确的机制才能驱动正确的行为**，否则就会出现"三个和尚没水喝"的现象。**机制要能激发基层员工的创造力**，单纯地提高工厂照明条件，并不会显著提高工人的生产效率。**企业绩效的提升是因为员工感受到企业的关注，从而增强了工作动机**。与其花大量精力给投资人讲战略和商业计划，不如花点时间给全体员工讲清楚公司的战略。

衡量一个战略的好坏有以下五个标准：

（1）好战略的对立面往往也是一个好战略。

（2）好战略不是建立目标而是解决问题。

（3）好战略的结果一定是让自己的优势得以体现，构建自己的生态位，让劣势和矛盾可以软着陆，不受其限制。

（4）好战略是一系列的连贯动作，一个单点的推进不是战略，只是执行策略。陷在执行里往往会让品牌看不到自己的自由度，从而忽视更多的可能性。

（5）好战略是一个重要的杠杆，一个好战略可以撬动更大的空间。

战略、目标和机制三位一体地对上承接使命、愿景和价值观，对下驱动员工和组织，是组织力的腰部力量。品牌必须有清晰的战略并形成向心力，以此配置资源和引导员工行为。从战略分解业务目标到用机制保证战略和目标落地执行，是品牌组织力的重要支撑。

10.3 大腿落地执行：人才、组织和方法工具共同驱动结果

1. 人才

有好的工作方法和创造力的员工可以被称为人才，组织的意义在于赋予这些人才同一套操作系统。**战略与管理的差异是做正确的事与把事情做正确，前者强调远见，后者强调方法。战略始终关注的是如何创造用户和用户价值，如何实现增长。管理关注的是降低成本和提高效率。管自己，以身作则；管团队，将心比心；管业务，身先士卒。**

优秀的人才往往不是培养出来的，而是选拔出来的。 如果可以，招聘最好让业务负责人亲自上阵，因为一旦有不合适的人才进入组织，就会带来后续很多扯皮和无效的工作，甚至破坏组织的氛围。在一个对人才要求较高的组织里，即使员工数量众多，往往也会安排高于候选人至少两个级别以上的高管参与面试。

优秀的人才往往是自驱动的，是不需要管理的。**最好的工作环境是拥有一群能力超群、齐心协力的同事一起奋斗。管理并不是要在员工忠诚度、稳定性和职业发展上做工作，管理者的唯一本职工作是建立拥有共同目标的团队，并保质保量按时完成团队目标。** 真正伟大的工作与物质条件关系不大。最好的工作环境并不在于上等的咖啡、丰厚的福利、盛大的派对和漂亮的办公室，如果公司里的任何一个员工都让你发自内心地尊重，而且能够从他们身上学到东西，这才是最好的团队。所以，企业一定要**不断找到优秀的人，让人才的浓度超过业务的复杂度。**

2. 组织

组织的目标是要构建一支相互信任的团队。公司不是养闲人和培养感情的地方，管理者并不需要去传递和表达公司是大家庭的这种氛围，因为家庭是不会"开除人的"。组织不是小孩子过家家，而更像是一个专业的足球队。教练负责把控整体战略方向和制定战术。目标只有一个——赢球。在比赛中，教练会把大量的微决策和执行权交给队员，让他们在多变的环境中充分展示自己的能力去履行责任。一支优秀的足球队，无论后卫还是前锋，都能贯彻好既定战术并互相信任、互相补位。当出现球员在场上的表现不好时就要及时换下，当球队连续输球时也需要及时更换教练。每一个动作的背后，目标都非常清晰，就是为了赢球。

组织中有一点是需要注意的，组织心智模式一旦形成，就很难改变。每个人都只能看到自己的心智模式下想看到的东西。当外界出现变化和创新的时候，很多人经常会选择忽视，用过去的经验和趋势去预测未来。这也是大部分组织变革都以失败告终的原因。**很多时候，业务负责人的认知边界就是企业的边界。**

很多企业创新失败是因为组织有"三座大山"：路径依赖、利益格局、思维定式。这也是大组织常见的弊病。创新往往意味着较大的风险，而大部分员工习惯了"正确地做事"，只要"不犯错、不出头"就可以高枕无忧。组织里也经常会出现"大鱼吃小鱼"的情况，代表未来的新业务在萌芽阶段就被"大鱼"吞食了。所以，要想打破组织心智，最好的办法就是建立**"成长型文化"**，通过成长型组织的思考方式和行为方式，逐步塑造组织中的每个人。成长型文化是允许失败，鼓励创新的动态学习文化，关注未来而非现在，关注增量而非存量，开放合作而非封闭攻击。

若想在大企业中增加创新成功的概率，把企业做"小"是保持创新精神的核心。鼓励内部创新，成立独立小机构：

（1）成立敢死队，只要精英，不要菜鸟，8~10人的小规模团队无法做好的事，往往人多了也一样做不好。

（2）小团队独立运作，高层少骚扰，帮忙不添乱。

（3）管理上关注长期价值，去除短期关键绩效考核。内部市场化，鼓励内部竞争。

（4）容忍失败，失败是常态，不以成败论英雄。

3. 方法工具

动机远比方法更重要，企业要让员工多想"为什么"，而不只是"是什么"和"怎么做"。 当员工明白做这项工作的意义和重要性的时候，他会主动地想办法。所以要让每个员工都理解公司的业务：要做到随时询问任何一个员工，他们都知道未来半年公司最重要的3~5件事是什么。企业要培养基层员工的高层视角，帮助他们理解与组织目标的联系。**企业管理者要保持员工信息通畅，对员工预设信任，拒绝领地意识，给人才想要的。**

当然，企业也需要做好知识沉淀的工作，把显性知识做成知识文档和平台供新人使用，同时把组织内优秀人才的隐性知识尽量萃取并形成显性化和结构化知识，形成更多的可传授的工具和方法论供其他员工学习和使用。企业需要形成自己的组织心智，并不断吸引优秀人才加入，帮助他们掌握优秀的工作方法使其不断成长，从而形成强大的组织力。

企业的大脑是使命、愿景和价值观，他们是企业的灵魂所在。腰部的战略是由使命、愿景、价值观导出的，目标又是由战略得来的，良好的机制是为了保证战略和目标更好地推进。腿部的组织、人才和方法是落地与执行，强化人员的激励与培养，支撑使命和战略落地。整个系统形成的闭环，才是真正的组织力。建立独特的企业文化，也是品牌的竞争力所在。关于企业文化，企业需要清晰以下四点认知。

（1）如果企业在竞争中没有形成独特的优势，产品没有获得市场和用户的认可、企业形象没有在顾客心中确认，员工流动性高没有完全认同公司理念，那么不算形成真正的企业文化，企业文化还处在初创阶段。

（2）企业初期所有的价值判断来自老板，老板的选择就是企业的选择。当管理团队和员工需要承担责任，公司的价值判断通过管理团队和员工体现时，企业文化才到了成长阶段。

（3）企业文化统一了员工的行为方式，并形成了凝聚力。员工在思想上保持独立判断，在行为上力出一孔。优秀的员工讨厌繁文缛节的流程和不必要的束缚，并非讨厌纪律。企业文化建设的目的并非给员工洗脑，这样只会带来僵化和缺乏创新。

（4）企业文化一旦建立并非一劳永逸，要与环境变化趋势一起迭代升级，保持开放和持续更新。

品牌需要建立优秀的企业文化，形成具有竞争力的组织。这样才能支撑品牌不断创新和持续增长，品牌业绩增长是表象，业绩的背后是组织力的隐性支撑。

10.4　组织变量：信息权与决策权

外部市场的不确定性加剧，00后步入职场进入企业，内外部的变化都要求组织力能够驾驭变量，构建"内功"。近年来，组织上呈现以下四种趋势。

1. 从追求结果到追求过程的变化

以前，管理者只看结果，以成败论英雄。实际上，只看结果是一种偷懒的表现，因为好的结果不一定有好的过程。销售目标的达成往往不只与员工的能力相关，与大盘的走势和竞争环境亦强相关。

比如：一个在阿里巴巴负责服饰美妆运营的员工业绩有所下滑。2022年第二季度，阿里巴巴首次出现营收下滑现象。业绩目标没达成的原因是员工的能力不如前任，还是受到抖音等新电商冲击带来的影响？

一个在小米负责手机销售的员工取得了不错的业绩。该品牌手机的市场份额在最近几年也明显上升。他的业绩好的主要原因是自身很优秀还是竞争对手的状态？

从结果到过程是从显性到隐形。再以企业非常关心的降本为例，成本分为隐性成本和显性成本。显性成本包括可量化的房租、人员薪资福利、工作时长等数据；隐性成本包括团队内部的沟通成本、知识资产积累等。由于显性成本更明显，所以**企业往往重视显性成本，而忽略了隐性成本**。为了压缩显性成本，企业可能会招新人，将办公场所从市中心搬去远郊区等。这些方式的问题是忽视了时间这个最大的隐性成本。

2. 信息权与决策权发生变化

华为有句话叫"高层使命感、中层危机感、基层饥饿感"，这放在过去是完全符合职场逻辑的。但是当家里拥有三四套房的00后进入职场后，他们需要的是淡化职级、信息平权和决策下放。企业领导者不应该依靠"信息差"进行管理，并非所有信息必须经过的人就是领导者。优秀的企业应该像分布式系统，每个员工都是知识工作者，都有知晓信息和决策的权力。**企业要相信透明的力量。**给聪明人足够的、透明的信息环境，优秀的团队会自然而然地"生长"出来。那么，怎样透明呢？企业应该尽可能地把可以公开的业务信息都让员工知道，信息不是控制的权力。每个人的工作目标，包括来自上级的考核标准，都是可以透明公开的。每个员工也都应该知道公司的经营情况，未来重要的工作是什么。有了充分对称的信息，员工决策的质量才能更高，做事才能事半功倍。

3. 从追求确定性到拥抱不确定性

很多业务管理者都喜欢追求确定性、厌恶风险，而现实世界充满了各种不确定性。疫情、国际贸易战、各种自然灾害等都并非企业可以预判发生时间周期和影响范围的。当管理者执着于控制风险的时候，就会建立非常多的流程来增加安全感。**流程等于提高了完成某项特定任务的能力和效率，传统的流程作业会促成强有力的短期行为结果。但同时也意味着排斥变化，丧失了应对新变化的感知能力和创新能力。**

一个高度成功的流程驱动型公司，在所处的市场上占据领先份额时会出现以下问题：对思考的需求变少；很少犯错，不敢冒险；缺乏有好奇心的创新者，难有突破；对既有市场拥有高度优化的流程，但丧失了对新市场的感知力；效率战胜了灵活性，难有创新。

拥抱不确定性需要允许混乱、允许失败、多头下注，不把所有鸡蛋放在同一个篮子里，这也需要允许适度的冗余。创新是有风险和成本的，企业要鼓励创新，就需要一些冗余的资源来支撑

4. 从"做公司"变为"做产品"

公司即产品，员工即客户，CEO 是公司的产品经理。交易的发生一定是买卖双方都相信，这个交易目前是彼此 ROI 最大化的选择。在交易中并非付钱的一方才是客户，公司把"员工的产品"卖给员工，收到了员工的工作贡献并支付员工工资，双方都从中获益，彼此 ROI 实现最大化。

客户会买产品是因为他相信购买的产品 ROI 是最高的。供应商愿意卖一个产品是因为它找到了目前 ROI 最高的客户。员工加入公司时，是相信这是他 ROI 最大化的职场选择，辞职时就是不再相信这里是 ROI 最好的工作机会。同理，公司淘汰员工时也是不再相信在该员工身上可以实现 ROI 最大化。所以，企业要做好这个卖给"员工的产品"，即公司本身。它的文化、机制、人才浓度、工资激励，甚至包括办公室环境打造都要把员工当成用户，这样的企业才是视人为人，而非人力资源。在这样的体系下工作，创新才会源源不断的涌现。**组织是因人生事，因事聚人，因人成事，因事成人，人事互动，终归于人。一个人可以走得很快，但一群人可以走得更远。**

第三模块总结

> **案例**

产品力、营销力和用户力驱动始祖鸟获得持续增长

始祖鸟（ARC'TERYX）是一个典型的产品力、营销力和用户力驱动的高势能品牌。1989年，始祖鸟创立于加拿大温哥华，现已成长为北美乃至全球公认的户外领导品牌。它的产品主要涉及徒步、攀登和冰雪运动等户外服饰和背包。通过清晰的品牌定位，加上产品力、营销力和用户力的构建，小众的始祖鸟进一步走向大众。

始祖鸟拥有极致专业的**产品力**。它共有6条产品主线，应对不同的专业户外场景：基础、徒步与穿越、登山与攀岩、越野跑、单双板滑雪和城市休闲。户外全天候系列是始祖鸟产品线的基础；雪线系列和攀登系列是始祖鸟产品线的户外核心系列；徒步系列和轻快系列为山地运动训练带来最佳的着装解决方案；城市休闲系列则将户外运动与日常生活融合，诠释了户外运动是一种生活态度的理念。

与此同时，针对不同的户外场景和用户需求，始祖鸟进行了极致的产品细分。比如，硬壳冲锋衣主要分为三个系列，专业性从高到低依次是Alpha、Beta、Zeta，比较受用户欢迎的代表作是Alpha SV、Beta AR、Zeta SL。其中的后缀代表着进一步的细分需求。

SV：恶劣气候提供最强的防护性能。

AR：全地形多用途。较好的防护型，同时兼顾重量和舒适度。

MX：混合天气。各方面性能都有所照顾。

LT：轻量化。功能简洁、性价比较高。

SL：超轻量化。最轻、最薄的材料。

FL：快速轻量。定位是高级 SL 版，轻量高性能。

主线之外，始祖鸟还有支线品牌通过差异化的商品系统构建专业形象，最大限度地吸引用户。

（1）高端商务线 Veilance：低调奢华的**商务鸟**，该系列也是实现"运奢"的领头业务，产品简约而不失功能性，满足高端商务人士需求。

（2）年轻线 System A：**年轻的始祖鸟**，摒弃过度符号化时尚。这是基于与 PALACE 联名的成功后，始祖鸟新推出的产品线。该系列在沿袭热压、防水面料等高山户外科技的基础上融入年轻设计元素，试图重新定义山系美学，吸引年轻户外运动爱好者加入始祖鸟大家族。

（3）环保线：与自然共生的**环保鸟**。该系列承诺选用品牌制定的符合可持续发展要求的原材料和供应链体系，进而强化品牌理念。为了全面推广全球性可持续发展项目 REBIRD，始祖鸟在纽约等城市开始建设新零售实验项目——始祖鸟重生工坊，把用户手上的"老鸟"翻新成一件具有创意的装备。

（4）隐藏线：**"军鸟"**，目前在国内还买不到。军版服饰在材料、设计与版型上都进行了改进，让产品更加耐用，更适合各种复杂的军事任务环境。如今，许多世界顶尖特种部队都有采购军鸟的产品，这进一步提升了品牌的势能。

这些既极致又专业的分类满足了户外发烧友的专业需求，也成为始祖鸟粉丝间的"黑话"。始祖鸟还发明了一种服饰的叠穿方法，从内到外依次为：内层→中间层→保暖层→外层。通过有序的穿搭，最外层可以有效地防风雨，最内层可以在短时间内吸湿排汗实现保温和散发热量。为了达到最佳性能，始祖鸟最早使用了航空级戈尔特斯（GORE-TEX）面料，这种面料的薄膜在每平方英寸㊀具有90亿个气孔，这些气孔的大小和结构能使身体的湿气透过衣物，却不会让水分子穿透面料，可以在高效防水的同时及时排出湿气。始祖鸟一直坚持人工制作的传统，其中单品拉链、抽绳和按扣等细节部分均由专业工匠制作，由此也限制了产能。始祖鸟的制造负责人曾对外说："有观念认为产品是由机器制造的，而我认为产品不是机器而是由人制造出来的。"它运用最具科技感的面料+最先进的工艺和设计，打造了极致专业的产品体系。

始祖鸟的**营销**始终为品牌服务。每一次掷地有声的营销都是在为品牌加分。2020年12月，始祖鸟第一次对外联名，与英国滑板潮流品牌PALACE合作，引发潮流圈和户外圈的空前关注，这既是意料之外又在情理之中。谁也没想到一直设计低调的高端户外品牌会与潮流先锋品牌进行一次对撞。联名系列推出了始祖鸟明星级单品Alpha SV及棉羽绒夹克、背包、冷帽、连帽卫衣、T恤等产品，在全球各地首发后很快被抢购一空。

这次联名将始祖鸟的专业感和科技感与PALACE的街头时尚感有机地结合在产品上，更是向攀登和滑板两种文化的顽强与反叛精神致敬。始祖鸟和PALACE的这次跨界营销的目的非常明确，即找到与自己人群差异化最大，但品牌理念共通的品牌进行

㊀ 1平方英寸=6.4516平方厘米。

联名，从而与新圈层的消费者进行交流。这次联名营销实际上是始祖鸟对追求潮流的年轻消费者的一次精准投放。

之后，始祖鸟宣布了全球新代言人刘雯，与德国高端时装品牌 Jil Sander 合作推出以滑雪为主题的系列，又引发新一轮的破圈营销，打入女性消费者市场。始祖鸟还与 greater goods 联名推出合作款，在贯彻可持续发展理念的同时追求产品的极致设计。

始祖鸟聚焦打造以门店渠道为依托的用户社群。目标在国内打造 30 家年营收过亿元的"鸟巢"。户外运动本身就天然适合发展社群文化，且高端消费者钟情于滑雪、登山、野营等户外活动。始祖鸟开设学院系列活动，如攀登学院、攀岩学院、滑雪学院。每个学院都会邀请专业教练或世界知名运动员授课，门店以多样专精的知识型活动巩固社群。始祖鸟还在多地举办"山地课堂"活动，邀请户外运动专家为社群讲解运动知识，宣传品牌故事。户外社区成员还可以在线观看直播，每期的观看人数都能达到 10 万+，可见课程质量非常高和用户黏性非常强。

第四模块

新消费的去向：
时间会让真正优秀的新国货走向世界

品牌如何获得高势能增长是一个系统性问题。增长的问题并非单纯地通过进行品牌定位或打造爆品就可以解决，只有综合洞察力、品牌力、产品力、营销力、渠道力和组织力的系统能力，才能夯实内功获取持续性增长。

Chapter Eleven

第 11 章

找到战略生态位：位置决定势能

本书的框架体系是从趋势、市场和用户三个维度洞察蓝海增长机会和制胜关键变量，寻找高势能的"位置"，然后从品牌与品类的角度构建品牌策略与势能，最后通过产品力、营销力、渠道力和组织力支撑品牌高势能增长。在这一整套从宏观到微观的品牌系统中，有两个关键词：势能和变量。

11.1　打造势能：找到自己的专属生态位

所谓势能，就是要不断"抬高品牌的位置"，产生千钧之势的增长动力和让用户心向往之的力量，这是品牌修炼内功的过程。变量预示着未来的微弱信号，只有变量才能带来被别人忽视的新机会、新蓝海，才能打破目前"既得利益者"垄断市场的格局，找到新的增长机会。

只有占据"有利的位置"才能产生势能，位置不同，品牌获得的势能也不同。每个品牌都应找到自己的专属生态位。

什么叫生态位呢？它是指企业在商业生态中扮演什么样的角色和处于什么位置。商业生态就像非洲大草原，总资源是有限的。食草动物都抢着吃地上的草，当青草不够吃的时候便会发生严重的内卷。这时，如果有一只动物进化了，可以去吃高处树上的叶子,就是找到了一个新的生态位。当然,还会有食肉动物专门吃食草动物,这就是"降维攻击"的新物种。

每个行业都会有自己的生态,以3C消费电子和家电行业为例,有至少六种不同的生态位。六种模式形成了品牌势能和用户心智后,其他竞争对手在短时间都很难跟进,即使行业巨头也很难短期突破其防线。

1. 极致性价比

这种模式是通过错位竞争服务下沉市场的人群,典型品牌是南极人。大众对南极人的印象大多停留在它是保暖内衣品牌,实际上该品牌已经覆盖了大小家电、食品、居家用品等数百个品类,2021年电商的GMV达到400亿元以上。以按摩椅这个品类为例,南极人在拼多多上年营收过亿元的店铺就有好几家,在天猫上电热水壶的销量已经可以与美的竞争头把交椅,真可谓是"万物皆可南极人"。南极人商业模式的核心是基于品牌授权⊖的轻资产、高效率模式,即经销商负责销售,生产商负责库存和生产,南极人居间收取品牌授权费。这个模式让品牌利润率一直保持在90%以上,甚至一度超过茅台成为A股利润率最高的公司。南极人成功的核心是锁定自身的生态位,聚焦下沉市场人群和"用户心智卷入度低"的品类。心智卷入度低意味着用户不愿意投入太多的时间和精力研究品牌及产品。当用户在线上购物时搜

⊖ 品牌授权又称品牌许可,是指授权者将自己所拥有或代理的商标或品牌等以合同的形式授予被授权者使用;被授权者按合同规定从事经营活动(通常是生产、销售某种产品或者提供某种服务),并向授权者支付相应的费用权利金;同时授权者给予人员培训、组织设计、经营管理等方面的指导与协助。

索出10双不同品牌的袜子时，当大部分品牌从来没有听过时，用户大概率会买耳熟能详且性价比高的南极人。由于南极人采用品牌授权模式，天猫和拼多多等电商平台上有数千家带有南极人品牌名的店铺大量曝光。前台规模化的订单驱动后端数千家工厂进行生产，前店后厂极大地提升了效率，降低了成本。作为品牌持有方的南极人只需雇用很少的员工来负责品牌营销和质量监督即可。这一商业模式形成了南极人、生产商和销售商的铁三角闭环。中高端的品牌不考虑做南极人的市场，中低端的品牌没有南极人的渠道多、效率高，所以很少有品牌能打击到南极人的市场。

2. 性价比＋设计感

这一模式的典型品牌是小熊电器。小熊电器聚焦于做职场新人这一细分人群，主营养生壶、三明治机、电炖锅、煮蛋器等符合年轻人需求的长尾家电。只要年轻人厨房有新的场景需求，小熊电器都会去做。加上它独创的"萌家电"设计和高性价比的产品，小熊电器已成为年轻人的"第一个电器品牌"。家电巨头美的、海尔关注的品类聚焦于营收规模100亿元以上的市场，对于小熊电器覆盖的几亿元规模的长尾品类不太关注。小熊电器在产品设计、生产制造和电商销售的产销闭环让它比大企业有更高的效率和更低的成本，有效地阻挡了家电巨头进入这一领域。以性价比见长的小米是做满足80%用户的80%需求的产品，几乎没有做长尾产品，也是几乎无法进入这一领域。小熊电器找到了自己的专属生态位，成为近几年家电行业的明星品牌之一。

3. 性价比+技术创新

这种模式是在第二种模式的基础上，增加技术创新的属性，较为典型的品牌是小米。平衡车、扫地机器人等具有高科技属性的品类都是由小米引领的。小米的产品性价比高且都是简约设计，与各种家居风格的适配度也很高，让很多新中产人群都能接受。相比小熊电器和南极人主打下沉市场，小米的产品更偏一二线城市的理性消费者。小米的这个生态位可以简单地理解为"第二选择"的生态位，也就是用户想买一台电视的时候，首选可能是索尼、三星等品牌，但当不知道买什么的时候，买小米不会吃亏。小米产品的设计简洁易搭配，质量有保证，用着有面子，还有独特的带有科技感的智能家居体验。这种"第二选择"策略也是小米能横跨上百个品类的根本原因。

4. 轻奢+设计

这种模式的典型品牌是摩飞电器。现代年轻人做饭不一定在厨房，而可能在客厅，和三五好友一起聊聊天、涮涮锅。摩飞针对年轻人的厨房新场景推出了相关产品，蒸、煎、烤、涮一站式满足用户需求，还有欧洲和日式的新吃法。摩飞产品极具个性和社交属性的英伦设计，让用户吃饭时都愿意拍照发个朋友圈主动传播。摩飞也由此成为轻奢的生活方式品牌之一。一款售价上千元的多功能锅，年销售额在10亿元以上。该品牌在最近几年一举成为家电行业的"明星股"，母公司新宝电器的市值一度超过500亿元。

5. 轻奢＋创新

这种模式是在轻奢基础上增加了更多的技术创新，典型品牌是戴森。戴森是典型的第一选择的专家型品牌"生态位"。如果说小米的策略是拥有大牌品质和十分之一的价格，那么戴森的策略就是 3 倍好的品质和 10 倍的价格。它的吹风机马达转速高达每分钟 10 万转，是普通电吹风机转速的 3 倍以上，对长发女生来说吹干速度快且不伤发。这种生态位的产品策略有一个特征，就是要做的与这个品类现有的竞争对手非常不同，就像戴森的吹风机，你一看就知道是它家的。比普通产品的性能好 3 倍，但是价格要贵 10 倍，才能成为社交型产品。戴森的产品已然成为一种社交货币，被当作礼物送出时也会显得送礼之人更有诚意。

6. 地域维度的错位竞争

这种模式的典型品牌是安克创新。它通过移动电源、数据线和扫地机器人等产品年销售额突破百亿元，被称为跨境电商第一股。安克的产品如果在国内和华为、小米进行竞争，优势并不明显，但是它利用中国供应链的强大优势，进入海外这个新蓝海，通过亚马逊的超强运营能力，旗下很多产品都进入欧美亚马逊销售榜单前三名。这就是一个典型的"田忌赛马"式错位竞争。如今安克在海外已经拥有很高的知名度，而且海外利润远超国内，这让品牌有更多的资源投入研发并组建全球销售队伍。短时间内，国内巨头也无法与之相竞争。

可以说，找到了生态位就是找到了势能、自身的独特生存模式，也就是找到了不易被竞争对手进攻的护城河。

11.2 驾驭变量：基础设施、用户意识与新技术

如果把青蛙放进冷水里，给水加热，那么青蛙会不会跳出来呢？

答案是看情况。青蛙属于冷血的两栖动物，它会调整自身体温以适应环境的变化，它对变化的感知与水加热的速度有关。如果将20℃的水按每分钟提高0.2℃的速度加热，青蛙自身温度的调整适应就会很慢。即使温度超出了青蛙能够承受的范围，由于传达给神经系统的条件反射信号落差较小，青蛙依旧会如同被麻醉了，无法收到神经反射条件刺激，也就无法从水中跳出来。当加热速度调整为大于每分钟2℃的时候，青蛙就能感知到信号，当感觉不适的时候，它就会从水中跳出来。

商业环境中品牌的境遇就如同这只青蛙。因为身在其中，有时容易忽视环境中的潜在变量，尤其是微小的关键变量，等发现时却为时已晚。即使强如阿里，也曾忽视了社交流量的兴起，让拼多多做出了万亿元规模的电商平台。即使强如腾讯，也曾忽视了短视频平台的崛起，让抖音抢夺了用户的大量时间。所以，即使是拥有大量数据和市场情报的巨头们也不能保证时刻洞察变量，可见它的难度之大。

变量意味着新机会，意味着打破旧格局。如果没有变量，一直在"牌桌上的巨头"们会持续垄断市场，也就不会有新消费品牌的诞生和崛起。关注变量，更重要的是要关注隐性变量。一个行业的渗透率、集中度、客单价和利润率等变化都是显性变量，是市场公开的量化信息，竞争对手同样可以直观地看到。隐性变量往往不能直观量化，它是依赖于感知力、洞察力和判断力进行

的二次分析和拆解。苹果开创智能手机的品类是因为乔布斯觉得使用过的所有手机软件体验都不好，用起来很痛苦，其与摩托罗拉合作的手机又让他失望透顶，最后组建了一支 20 人的研发小组研发了智能手机。同样，特斯拉电动车是因为马斯克发现了电池技术的成熟和可优化空间，也源于对地球环境和人类未来的深谋远虑。隐性变量往往隐藏在基础设施迭代、用户意识升级、技术周期革命等结构性的趋势变化中。

1. 基础设施成熟带来的变化

很多创新和变量都是嫁接在基础设施之上的。比如小米的崛起是因为 4G 网络基础设施的普及带来的智能手机大潮。随之而来的美团、抖音和快手等超级应用的爆发也是因为小米、OPPO 等手机品牌促使智能手机被快速普及到更广大的人群手中。抖音初期主打的是一二线年轻潮流人群对"新基础设施"的精神需求，快手起步主打的是三四线有钱有闲的小镇青年的精神需求，美团则是当人们有了"新基础设施"后，进一步服务大家吃喝玩乐性质的消费升级。在基础设施不成熟之前，虽然消费者有需求，但是会因为解决方案不够成熟而"死在沙滩上"。在盒马崛起之前，很多生鲜电商都失败了，在钟薛高之前，没有人想到电商还能卖雪糕，它们成功的背后都离不开冷链和保鲜技术等基础设施的成熟。**在关注商业模式创新的同时，企业也要常常思考新基础设施成熟带来的创新机会。**很多新业态和品牌创新都是旧要素＋新基础设施的重新排列组合。比如，唯品会是奥特莱斯＋互联网；拼多多是农贸市场＋社交网络；直播是聊天＋才艺＋互联网；直播带货是促销员＋互联网等。5G 带来的高速带宽可以支撑直播等新内容形式去展示品牌；低制作门槛的短视频激发了全民才艺展示,这些都给品牌的多元表达提供了新的基础,品牌需要认知和捕捉新基建带来的新机会。

2. 用户消费意识发展带来的新变化

Z世代等新群体已逐步成为消费的主力军,他们的新需求、新场景带来更多的创新机会。彩妆、美瞳和扫地机等品类的崛起就是新人群意识觉醒和新媒介诞生所共同催生的。新人群有新的心理需求,对价值的理解也发生了变化:从以前的吃饱、吃好到现在的健康代餐,旧有需求得到满足之后就会催生新的需求。这就像马斯洛需要层次理论所讲的,用户的需要会从功能型向社交型和情感型需要升级。以坚果类零食为例,起初花生、瓜子是必需品类,之后开心果等非必需品类得以发展,再之后碧根果、夏威夷果等非必需品类也跟着进一步成长。

人群自身成长带来的消费意识变化也不容忽视。随着年龄的增大,人们的服饰消费越少、越精简,健康消费越多、越精细。层出不穷的新媒介带来的获取信息方式的变化,也影响着人们的消费决策,人们针对同一媒介的关注点也会发生变化。2010年微博刚兴起时,人们大多关注的是冷笑话,而十年后大家看微博更关注的是新闻;2015年微信公众号崛起,一开始人们关注的是情感类文章,到现在大家更关注的是专业内容;最近几年抖音强势崛起,大家最先关注的是帅哥美女、搞笑内容和娱乐内容,而未来关注点会发生新的变化。所以,用户的消费意识变化和关注度也会带来很多新的机会。

3. 新技术带来的新变化

技术本身就是一个变量,技术一旦和市场结合就会带来新的变化和机会。多点触控技术让人机交互出现了新方式，引发了智能手机革命，使苹果公司一举成为手机类企业中全球市值最高的公司。LDS 激光导航技术㊀让带有路径规划功能的扫地机走进了千家万户，也催生了科沃斯、石头科技等市值上千亿元的公司。优衣库通过对摇粒绒材料的研发和改造，让这种军用昂贵的新材料得以广泛普及并日常化，由此成就了日本首富柳井正。所以，拥抱新技术并找到与市场的结合点，就会创造新增长神话。

企业洞察变量，不是为了追风口、找红利，而是识别外在市场环境中与自身匹配的机会，不至于成为"被温水煮的青蛙"。市场上信息多、诱惑多，很多品牌为了保持增长做了非常多的动作，结果非但没有产生效果，还带来了副作用，到头来发现这些多余的动作不过是一种应对焦虑的自我安慰。企业需要冷静地分析变量和感知环境，做好关键信息的验证，方能驾驭变量获得高势能增长。

很多成功人士把自己事业的成功归因于自身的能力，其实外部环境变量和红利也是成功的关键因素。过分夸大自身能力的重要性往往会导致盲目自信，从而导致激进的扩张策略和公司战略的迷失。公司战略开始迷失时，往往因为有成熟业务的增长惯性掩盖，不容易被发现，一旦主营业务的业绩出现下滑迹象，事态便会难以逆转。**变量思维是对风险的感知和对机会的敏锐洞察，它需要企业领导者拥有正视自身能力的冷静和居安思危的心态，更需要企业领导者拥有不断尝试创新的勇气。**

未来十年是中国品牌走向世界的黄金十年，会有一大批新锐

㊀ LDS 激光导航技术的基本原理是发射光束后再弹回来，以此测绘出机器人和目标地点的距离，从而绘制一张地图。

品牌井喷式崛起，也会有经典大品牌开辟"第二增长曲线"。对企业而言，只有对内构建品牌势能，修品牌内功；对外驾驭变量，敏感迭代，适应变化，才能保持有质量的可持续增长。商业就如同自然生态，即使强大如恐龙，在面对小行星撞击地球引发环境巨变时依然无法生存。最后留下来的物种不一定是最强大的，但一定是适应能力最强的。所以，唯有不断进化，才能更好地生存。

未来十年是兴趣、技能和工作界限越发模糊的时代，旧路径和知识逐渐失效，唯有热爱才能激发创新。**一切消费品都是个人意识的投射，消费是人与世界相处的方式。**

未来十年是国内新老品牌大角逐的十年，也是中国品牌成为世界品牌的十年，时间会让真正优秀的新国货走向世界，留给下一代。

品牌势能需要洞察力、品牌力、产品力、营销力、渠道力和组织力的有力结合，先能审时度势，再有因势利导，才能势不可当。

后记

关于品牌、产品、营销、组织和创业的深度思考

1. 关于品牌

（1）"品牌"是别人眼里的自己。

（2）品牌两个字的核心在于"品"，没有"品"的品牌只能被称为"牌"。人有品相、品质、品位和品德。人要有外在的美貌、内在有趣的灵魂、高雅的品位和高尚的品德才能形成自身独特的"品"。对品牌来讲，产品永远是1，营销、销售等是1后边的0。产品就像肉体，是支撑，品牌内核是灵魂、是核心。**品牌是认知，产品是事实**。认知要与事实相匹配，品牌和产品共同体现了"品"。

（3）品牌要思考两个问题：一是你要为客户拒绝什么；另一个是你应该为客户塑造什么。拒绝是态度，塑造是生活！

（4）做品牌是一个打造意义共同体的过程。品牌要影响整个价值链上的"所有人"，不仅包括消费者、经销商和供应链，也包括内部员工、媒体和KOL，要有清晰的品牌愿景和价值主张并传达给所有利益相关方。

（5）用户切换品牌的过程，是一个不断理解与定义自我的过程。所谓的忠诚度，就像夫妻感情，要彼此"势均力敌"，互相

启迪，才能更长久。

（6）消费者买东西往往是为了满足自身的物质需求或精神需求。品牌聘请流量明星代言并非要他讲产品，而是树立品牌形象的一种手段，采取用户更容易接受的内容表现形式进行输出。品牌传递给用户的最终信息应该是用户需要的，或者说是用户愿意为之付费的东西。

（7）品牌的目标受众，不单单是品牌当下的核心用户，更是想活成核心用户画像的那群人。

（8）做品牌是在塑造共识，包括产品共识（实体产品）和理念共识（内容产品）。

2. 关于产品

（1）基本款不能简单地理解为高性价比或者更普遍适用的设计，而是在当下甚至未来很长一段时间内，在广大消费者心中依旧会被认为是好产品。

（2）做爆品是找到潜在新需求的人群最大公约数。这个需求可以是功能，也可以是情感和文化，同样可以是一种共识。

（3）美是一种认同感。审美是通过视觉信息在不同人之间建立认同的过程。而美学的根本意义在于可以通过视觉普遍、快速且深切地建立认同。

（4）更好的产品无法让品牌大成，独特而有意义的产品才可以。成功者是能超越现有问题，重新定位问题的人。

（5）定义产品的本质是创造性工作，不完全是可预测和可控制的，不应该赶鸭子上架。完成产品定义后的开发工作更强调执行和时间进度。创意和执行需要的能力不同，要求也不同。而在这一切之前，最重要的是先确定产品哲学和原则，它决定了什么重要和什么不重要，是团队信仰和价值观的总结，可以指导员工的决策和取舍。很多时候，产品就是价值观的外化。

（6）做爆品是价值创造的过程，做营销是价值传递的过程。二者都离不开价值二字。

（7）产品人必须是一个有价值观和理想的人；一个纯粹甚至有点自我的人（自我的人往往追求极致）；一个懂得感动并热爱生活的人；一个无论年龄多大仍然可以热泪盈眶的人；一个下可感知细微，上可洞悉趋势，"尽精微、致广大"的人。要做产品人，首先应该做一个生活者。

3. 关于营销

（1）爱上品牌和爱上一个人的原理是一样的。营销的本质是以消费者的情感需求为起点创造感受与达成共识。

（2）过去营销只关注消费者对品牌和产品的认知和选择，却忽视了它只是人的观念和行为中的一部分，而人的观念和行为是深受其世界观和价值观影响的。新营销需要从营销学、心理学到人类学和社会学角度出发；从把消费者看成被动的和客体的人转为看成主动的和更完整的人。

（3）乔布斯回归苹果后带着十年思考统一了公司员工的价值观，他说："营销就是价值观的争夺，这个世界很复杂、很喧嚣，我们要非常清楚地知道，我们想让别人记住我们什么，并且要把这个点很清楚地传达出来。就像人们想起耐克不只是想起鞋，我们要让消费者知道苹果是什么，它代表了什么。苹果不仅仅制造产品，更让人们明白有激情的人能让世界变得更美好。我们和员工、客户、软件开发者一起在改变世界。"

（4）总结是"看到过去的共性"，趋势是"看到未来的走向"。不能误把总结当趋势。做营销不要总试图总结，更要洞察人心之所向。

（5）生活中有很多关键问题，不是"如何"，而是"为何"。在商业世界里，创意相当丰富，意义却非常罕见。新时代的营销需要意义感。

4. 关于组织管理

（1）组织执行力来自团队达成共识的速度，共识就是最大的执行力。

（2）管理中，大家常常用组织决策代替管理决策，组织决策是大家很在意的目标的设定、投资的规划和资源的分配，对员工的具体工作影响不大。组织决策确定目标，进而决定资源和权力如何分配。而管理决策的核心是让下属明白这个岗位的目标和重点是什么，是让下属明白为什么要做，什么是最重要的。

（3）强势的领导者喜欢掌控全局和事事决策。其实更多的时候并非在做决策，而是处在一种做决策的幻觉中。因为下属可以选择性汇报，只汇报他认为最有利的方案。即使同一件事情描述的情况不同，做出的决策也会不同。对于收益和损失的描述不同，信息的隐藏、突出的角度不同，最后的选择也会不同。所以，管理者要学会从演员升级为导演，从导演升级为编剧。

（4）比起培养不合适的人，找一个合适的人效率更高。比起改变一个人，选择合适的同路人效率更高。

5. 关于创业

（1）创业者必须先放下面子，要充分认知到成功的所有因素中时代（时机）是万位数，行业是千位数，个人能力是百位数。

（2）创业要找想做的、能做的和该做的交集，也需要平衡欲望、能力、资源这三件事。

（3）一个企业的价值有多大取决于它能解决多大的社会问题。商业的本质也是用创新的方案和更高的效率去解决社会问题。

（4）我们常常为自己的身体洗澡，可曾为我们的思想洗过澡？查理·芒格（Charlie Munger）说："如果我要拥有一种观点，如果我不能比全世界最聪明、最有能力、最有资格反驳这个观点的人更能够证否自己，那么我就不配拥有这个观点。"弗朗西斯·菲茨杰拉德（Francis Fitzgerald）也曾说："一个人能同时保有全然相反的两种观念，还能正常行事，是第一流智慧的标志。"

（5）电影《惊天魔盗团》的开头有一句著名台词："你离得越近看，你看到的东西就越少。"

（6）我们如何看待问题，决定了我们解决问题的方式。很多时候找到一个好问题是成功的开始，多花点时间定义清楚问题也是效率最高的方式。

6. 关于个人成长

（1）没有绝对的知识，只有附加条件的知识。任何知识和方法论都是有应用边界的。并且，知识不等于能力，知识更不等于智慧。每天不假思索而获取的信息和知识对一个人的帮助是非常有限的。真正的智慧需要更深入的体验、感悟和思索。所以，不要轻易相信他人教的"百战百胜降龙十八掌"，也不要妄图学会一个百战百胜的绝世神功。

（2）山本耀司曾说"自己"这个东西是看不见的，撞上一些别的什么，反弹回来，才会了解"自己"。所以，你并不是你以为的自己,也不是别人眼中的自己,而是"你以为的别人眼中的自己"。你以为别人看待你的观点构成了你自己很重要的组成部分。做品牌又何尝不是如此?做品牌其实也是一个不断认知自我的过程,也是一个持续修行的过程。

(3)如果拿一个人的事业简单举例:智商是"敲门砖",它往往决定了一个人的起点在哪里。上大学并拥有良好的学历背景、优秀的逻辑思维和分析能力是进入好公司的"敲门砖"。情商是"升降梯",很多工作都需要协同内外部关系共同完成,只有高情商的人才能处理好各方人际关系,调动各方资源完成任务。逆商则是"试金石",在公司升职到高层后需要承担更大的压力和更多的责任,也会面临更多的困难和挫折。所谓"临危不乱,才有大将之风",一般带领团队战胜困难、从低谷重返巅峰的领导者才能胜任更高的职位。一般来说,年纪越轻,智商发挥的作用越大,随着年龄的增长遇到的问题更复杂,情商的作用逐步凸显,到达顶峰时逆商的作用不容忽视。